ベルンド・ケストラーの
いちばんわかりやすい

透かし編み

LACE NITTING

Lace Knitting

日本文芸社

メッセージ

　私は長年レース編みをしています。ドイツ人として、ドイツのレース、つまり「クンスト編み*」を楽しんでいます。繊細な模様を編むのはとても楽しく、美しいアイテムに仕上がると満足感が得られるのです。* 中心から輪に編む技法

　レース編みは、その複雑なデザイン、歴史的背景、そして幅広い技法によって編み手を魅了します。基本的にレース編みは、シンプルな糸を繊細でダイナミックな生地に変える、芸術的な模様のパターンを特徴とします。ここでは私が考えるレース編みの魅力についてお話しします。

美しいビジュアルと汎用性
　レースの美しさは、開放的で風通しの良い質感にあります。編み手は、編み目の増減を駆使し、花柄や幾何学模様から抽象的なデザインまで、さまざまなモチーフを作ることができます。
　完成した生地は軽やかさに加え、複雑な模様による優雅さを感じさせるため、ショールやスカーフはもちろん、テーブルランナーやウエディングベールなどのアイテムにも最適です。汎用性が高いため、レース編みは伝統的でありながらも現代の美的感覚にもフィットします。

技術的な難しさ
　本格的なレース編みは、脳トレとテクニックの訓練になると思います。単純な編み方とは異なり、レース編みでは細部に注意を払う必要があるのです。
　パターンの多くは、編み図の読み取りと正確なステッチで成り立つ楽しいパズルのよう。細くて軽い糸で編む場合は、さらに忍耐力も必要になるため、難易度がより高くなります。私にとって、複雑なレースのパターンは非常にやりがいがあり、編むほどに魔法のように感じます。

MESSAGE

For many years I have been knitting lace. As a German, I always enjoy German lace or Kunststricken. The delicate patterns are facinating to knit. Being able to create such beautiful items is very satisfying.
Lace knitting captivates knitters with its intricate designs, historical significance, and the creative challenges it presents. At its core, lace knitting transforms simple yarn into a fabric that is both delicate and dynamic, featuring eye-catching patterns of holes and solid areas that tell a story of craftsmanship and artistry. Let me tell you what I think makes lace knitting fascinating:

Visual Appeal and Versatility
The beauty of lace lies in its open, airy quality. Through the strategic placement of increases and decreases, knitters create motifs ranging from floral and geometric patterns to abstract designs. The finished fabric can evoke feelings of elegance, lightness, and complexity, making it perfect for items like shawls, scarves, table runners, or even wedding veils. Its versatility ensures that lace knitting can suit both modern and traditional aesthetics.

Technical Challenge
Lace knitting is both a mental and technical exercise. Unlike straightforward knit-purl patterns, lace requires careful attention to detail. Patterns often rely on chart reading and precise stitch placement, offering an engaging puzzle to solve. The challenge grows when working with fine, lightweight yarns, which demand precision and patience. For me, the satisfaction of seeing a complex lace pattern emerge is deeply rewarding and truly magic.

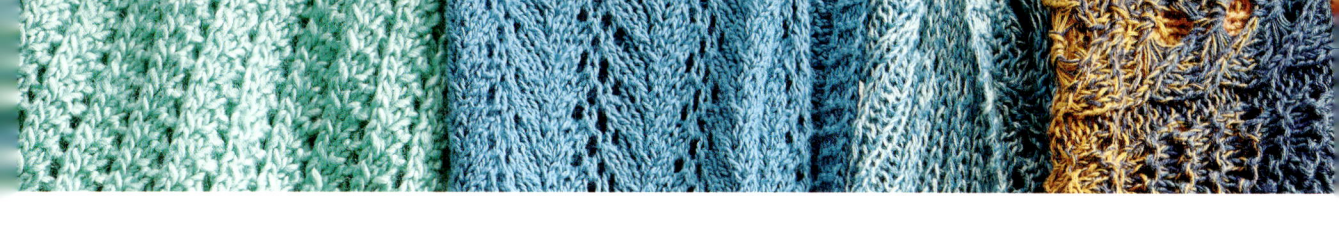

伝統とのつながり

　レース編みには豊かな歴史があり、シェトランド、エストニア、ドイツなどの地域と結びついています。それぞれに独自の技法とパターンがあります。

　たとえば、シェトランドのレースは、上質なウールと羽や波などのモチーフで知られ、エストニアのレースには精巧なヌップ（小さなボブル）が組み込まれています。これらのスタイルを学ぶことで、編み手は文化的伝統の継承にも貢献できるといえるでしょう。

無限の創造性

　レース編みの可能性は無限です。伝統的なパターンを編む楽しみもありますが、ステッチの組み合わせ、糸の種類、糸色などをいろいろ試しながら独自のデザインを作ることもできます。

　手染め糸やグラデーション糸を使用すると、インパクトがさらに高まり、ユニークで個性的なものに仕上がります。アイデアを持って取り組めば、レース編みが単調になることは決してありません。

　私にとってレース編みは、美しさ、歴史、技術、創造性が組み合わさった興味深いもの。気持ちを刺激し、瞑想のように心を落ち着かせ、そして作り手に素晴らしい結果をもたらす技法です。シンプルな糸がエレガントなレースショールに変身する様子に驚嘆したり、シェトランドやエストニアのレースの伝統を探究したり、この技法は、あらゆるスキルレベルの編み手にとって無限の可能性を与えてくれるでしょう。

　そんなレース編みの基本を学べるこの本が、レース編みの旅を始めるきっかけになればうれしいです。

ベルンド・ケストラー

Connection to Tradition

Lace knitting has a rich history, tied to regions like Shetland, Estonia, and Germany, each with its own techniques and patterns. For example, Shetland lace is known for its fine wool and motifs like feathers and waves, while Estonian lace incorporates elaborate nupps (small bobbles). Learning these styles not only connects knitters to the artisans of the past but also allows them to contribute to the continuation of these cultural traditions.

Endless Creativity

The possibilities in lace knitting are limitless. Knitters can follow traditional patterns or design their own, experimenting with stitch combinations, yarns, and colors. Using hand-dyed or gradient yarns can further enhance the visual impact, making every project uniquely personal. This creative freedom ensures that lace knitting never becomes monotonous.

For myself lace knitting is interesting because it combines beauty, history, skill, and creativity. It's a craft that challenges the mind, soothes the soul, and rewards the maker with stunning results. Whether you're marveling at the transformation of simple yarn into an elegant lace shawl or exploring the traditions of Shetland or Estonian lace, this art form offers endless fascination for knitters of all skill levels.
I hope this book will inspire you to start your own journey of lace knitting.

CONTENTS

CHAPTER 1

●印刷物のため、現物と色が異なる場合があります。ご了承ください。

●糸や道具の表示内容は2025年1月のものです。

必要な道具と材料

透かし編みを編む際に必要なものを紹介します。

針

透かし編みは、棒針と輪針を使用します。スワッチのような小さなものは棒針でも輪針でも使えますが、ショールのような大物を編む際には輪針が必要になります。棒針はサイズ（太さ）と長さで、輪針はサイズとコードの長さ（40〜100cm）で選びます。本書ではドイツ製の「Prym（プリム）」を使用。プラスチック製の針は、糸をすくいやすい形になっています。

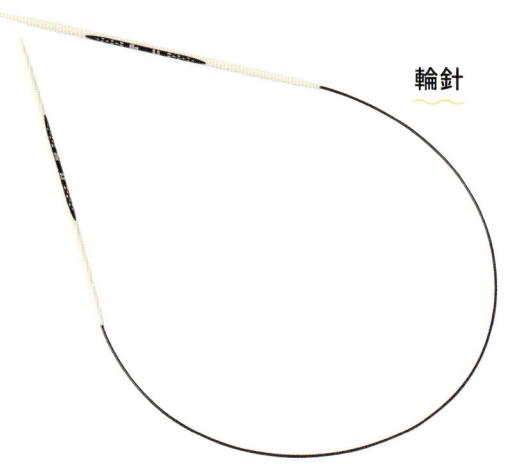

輪針

プリム　エルゴノミクス輪針 60cm 4.0mm

棒針（短5本針）

糸

糸は編みたいものに合わせて選びましょう。本書のスワッチではビギナーでも編みやすい「カジュアルコットン」を使用。適合針サイズは6〜8号、コットン100%のストレートヤーンです。

	301
	302
	303
	304
	305
	306
	307
	308

ヤナギヤーン カジュアルコットン

その他

用意しておくと便利な道具を紹介します。

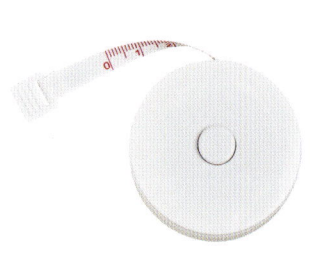

ゲージやサイズなどを計る
メジャー

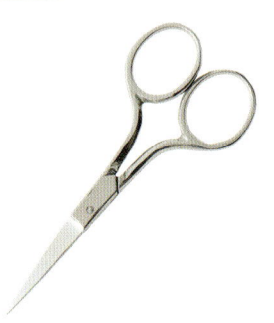

糸を切るための
糸切りバサミ

糸処理などに使う
とじ針

段数などを示す
段目リング

透かし編みの
メソッド

透かし編みとは、レース編みによく見られる穴が空いたような軽やかなデザインが特徴です。伝統的な技法で、簡単なものから複雑なものまで多くのパターンが残っていますが、ここでは基本的な透かし編みの編み方を紹介します。ポイントは、かけ目と減らし目。多くのパターンに登場するこの編み方は、ケストラー氏が解説する動画でも確認することができます。

透かし編みを始める前に

編み始める前に知っておくと便利な情報を、本書の特徴と合わせて紹介します。

「透かし編み」とは？

透かし編みは、表編みと裏編みをベースに「かけ目」と「減らし目」を組み合わせることで透かし模様を表現する編み方です。穴が空いたような軽やかな模様になるため、春〜秋に重宝するショールやスカーフなどの巻物に取り入れるのが人気です。

リバーシブルで使える！

透かし編みは、模様によってはリバーシブルで使えます。表と裏の雰囲気があまり変わらないものもあれば、ガラッと変わり、表も裏もそれぞれに素敵な模様のものあります。お好みで使い分けましょう。

no.54（P.75）のスワッチの表。

裏は表編みが浮き上がる。

段染め糸は注意して

P.78から透かし編みを取り入れたアイテムを紹介していますが、その中の何点かは段染め糸を使っています。段染め糸には、一つの模様（色）の繰り返し頻度が短いショートピッチと、一つの模様が長く続くロングピッチがあります。またいろいろな色が入ったものやグラデーションタイプも。写真のように、ショートピッチで色のコントラストが強い糸は、透かし模様がわかりにくくなります。逆にロングピッチで緩やかなグラデーション糸だと模様がきれいに見えます。模様やアイテムを決めてから糸選びを楽しみましょう。

ショートピッチタイプ。細かく色が変わるため模様が見えにくい。

グラデーションタイプ。色のコントラストが弱いので模様が際立つ。

本書の特徴1 プロセス写真が大きく見やすい

P.10から透かし編みの基本の編み方を紹介しています。写真が大きいので見やすく、手元を写真に合わせて確認しながら編むことができます。

本書の特徴2 スワッチは編み目が見やすいコットン糸

透かし編みでは細めの糸やモヘア糸などがよく使われますが、本書のスワッチは模様が見やすく、また初めてでも編みやすいように、6号針とコットン糸を使用しています。最初はコットン糸で練習してみるのがおすすめです。

本書の特徴3 透かし模様は4種に分類

本書で紹介するパターンは、透かし編みに多くみられる「Leaf」「Diamond」「Triangle」「Wave」の4種に分類。ニュアンスの異なる透かし模様を楽しめます。

Leaf

Diamond

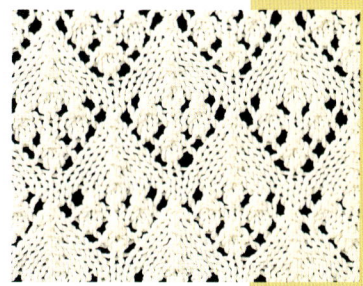

Triangle

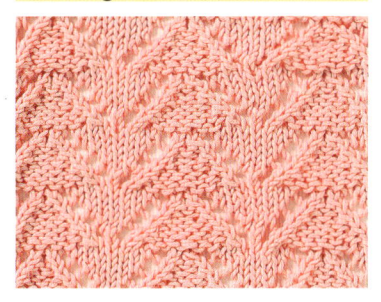

Wave

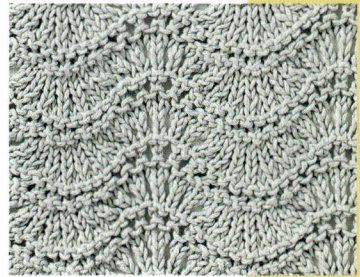

ケストラー氏が解説する動画 本書の特徴4

透かし編みの基本の中でも特に重要な部分（P.15〜）と、難易度高めのショール（P.116）に関しては、ケストラー氏が解説する動画付きです。QRコードからアクセスしてみてください。

透かし編みの基本の編み方

no.10のパターン（写真では繰り返し部分は省略しています）を例に、透かし編みの編み方を説明します。
往復編みをしているので編み図の奇数段が表、偶数段が裏になります。
透かし編みに欠かせない「かけ目」と「減らし目」は動画（P.15〜）でもチェックすることができます。

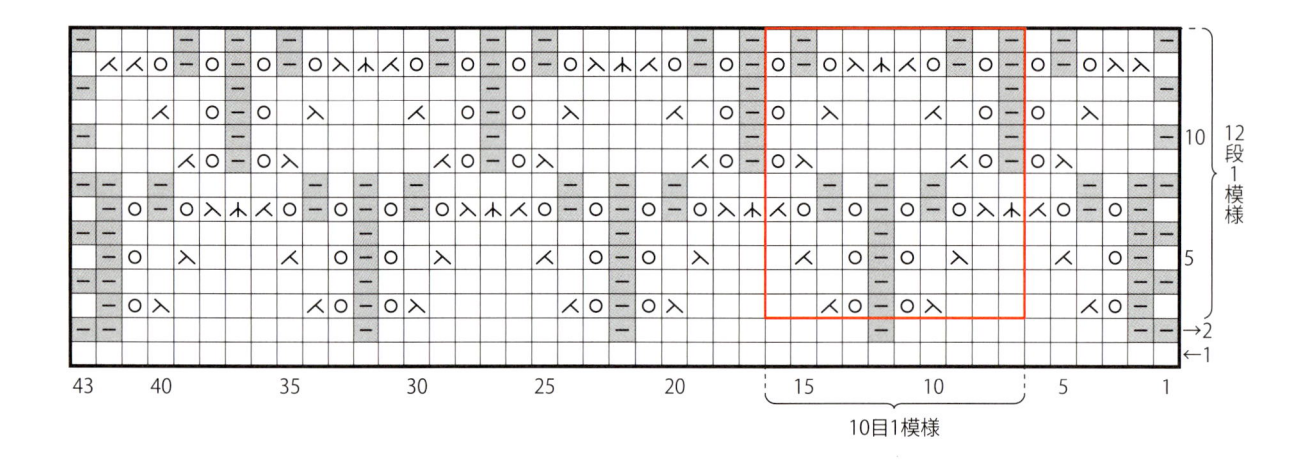

〈1段目：作り目〉

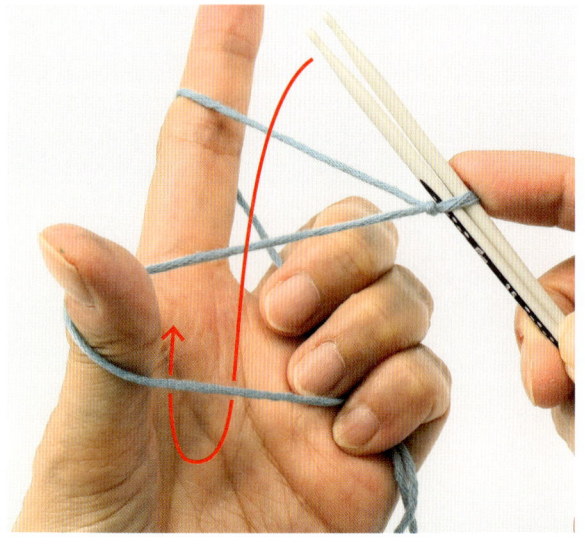

01 わを作り、針2本を入れる。糸端側を親指、毛糸玉側の糸端を人差し指にかけ、残りの指で糸をにぎる。

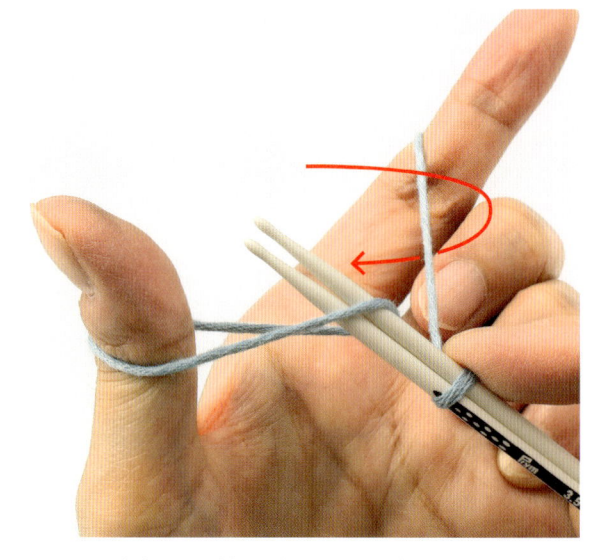

02 親指の手前側の糸に、下から針を入れる。人差し指の手前の糸に、矢印のように針を入れる。

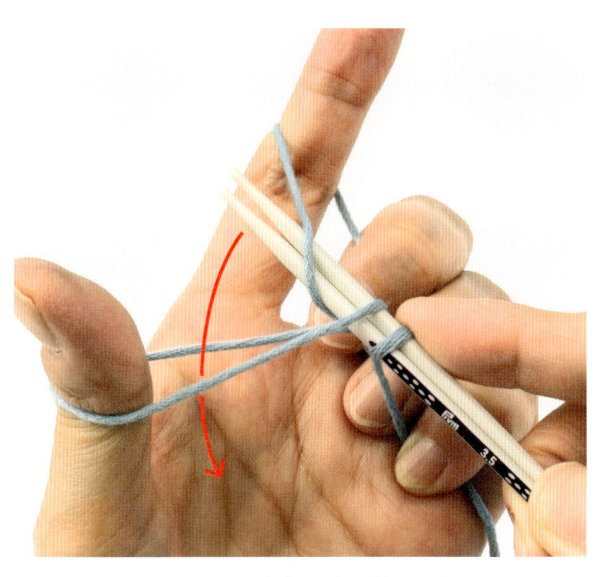

03 　矢印のように、親指の輪に針を通す。

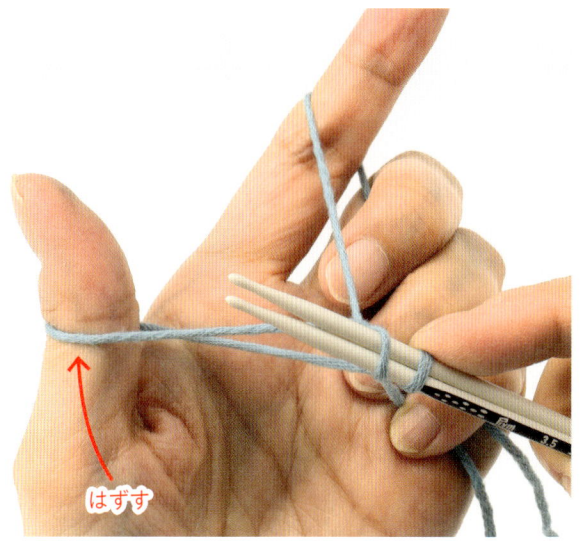

04 　親指から糸を外す。

はずす

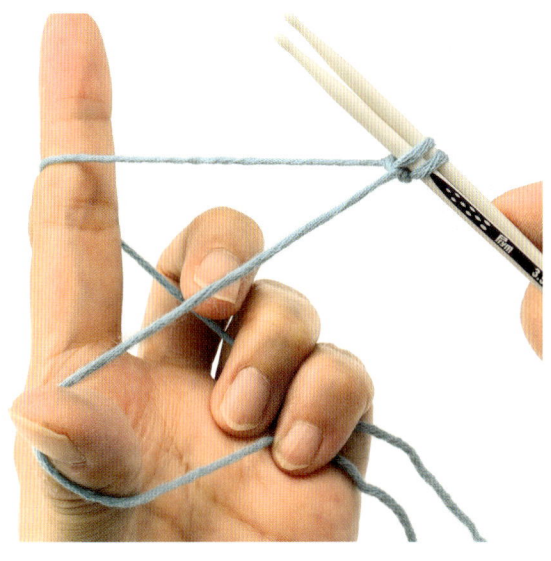

05 　01と同じように糸を持ち直し、糸を引いて輪を引き締める。作り目が2目編めたところ。

06 　01〜05を繰り返し、作り目に必要な目数を作る。針を1本抜いたら作り目の完成。これが1段目になる。

07 表編みを2目編む。
作り目の針を左手に持ち、右手でもう1本の針を持つ。作り目の1目めの左側から針を入れる。

08 針に糸をかける。

09 作り目の1目めに糸を引き出す。

10 **09**の矢印部分の目を左針から外す。表編みが1目編めたところ。

11 同じようにもう1目表編みを編む。表編みが2目編めたところ。

おさらい

Ⅰ 表編み

❶
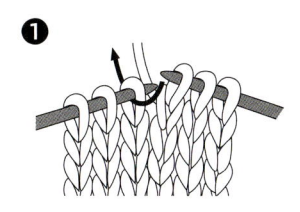
糸を向こう側に置き、右針を手前から左針の目に入れる。

❷
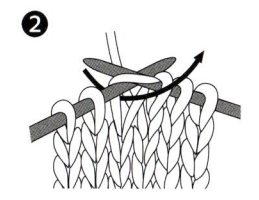
右針に糸をかけ、矢印のように手前に引き出す。

❸
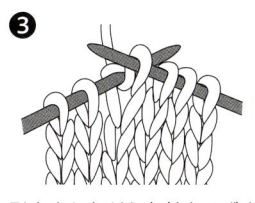 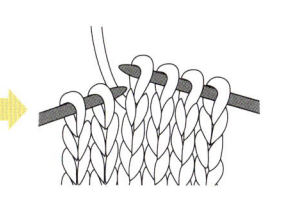
引き出しながら左針をはずす。

12 裏編みを9目編む。
糸を針の手前に置き、作り目の右側から針を入れ、糸をかける。

13 右針を引き出す。

14 13の矢印部分の目を左針から外す。裏編みが1目編めたところ。

15 同様に裏編みと表編みを繰り返しながら編み進める。

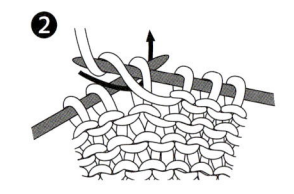

おさらい

⊟ **裏編み**

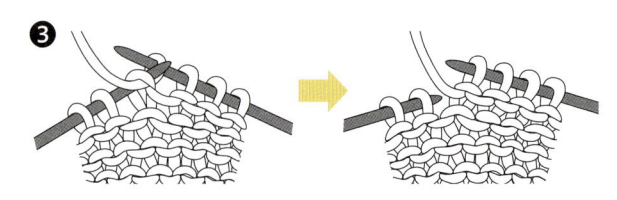

16 編み図のとおりに端まで編む。2段目が編めたところ。

❶ 糸を手前に置き、右針を左針の目の向こう側に入れる。

❷ 右針に糸をかけ、矢印のように向こう側に引き出す。

❸ 引き出しながら左針をはずす。

17
表編みを1目、裏編みを1目編む。

糸をかける
だけ

18
3目めは右針に糸をかける。かけ目ができたところ。

おさらい

○ かけ目

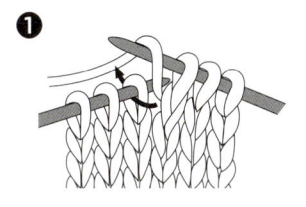

❶
右針に手前から糸をかける。

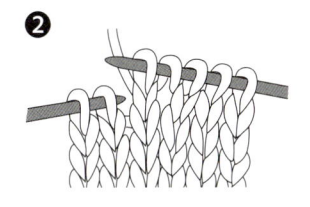

❷
次の目を編む。

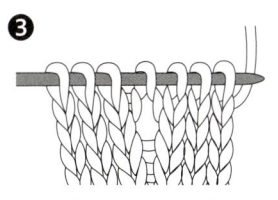

❸
次の目を編むと穴ができる。

19
そのまま左針の2目の左側に右針を入れる。

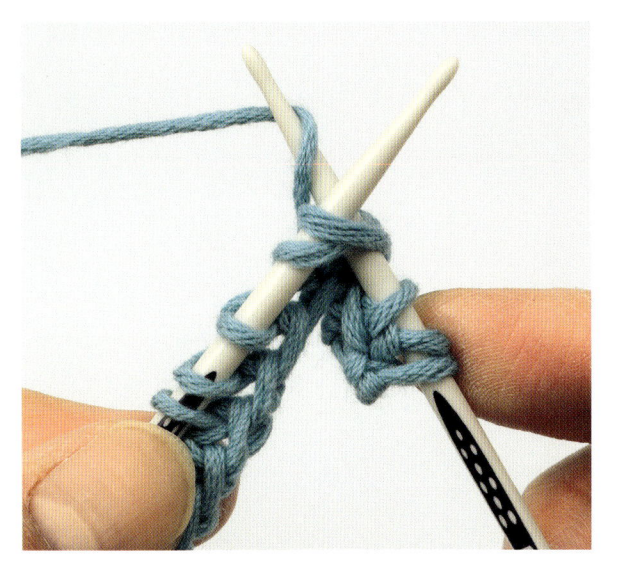

20 右針に糸をかける。

21 2目ごと糸を引き抜く。左上2目一度ができたところ。

おさらい

 左上2目一度

❶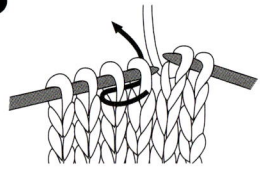

左針の2目の左側から一度に右針を入れる。

❷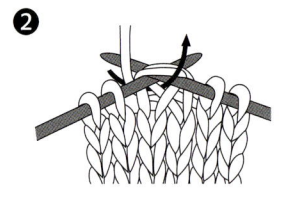

右針に糸をかけ、2目一緒に表目で編む。

❸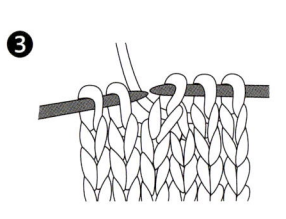

2目が1目になる。

22 表編みを5目編む。

23 次の目に右針を入れる。

24 そのまま右針に移す。

25 表編みを1目編む。

24で移した目

26 右針の2目めに左針を入れる。

25の表編み

27 左の目にかぶせる。

28 左針の目を外す。右上2目一度ができたところ。

おさらい

入 右上2目一度

❶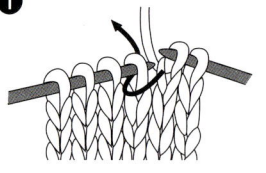

左針の目を編まずに手前から右針に移す。

❷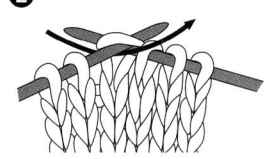

左針の目に右針を入れて、糸をかけて引き出す。

❸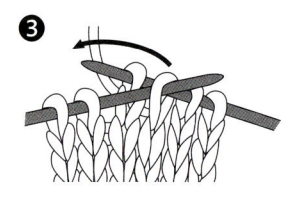

右針に移した目に左針を入れ、編んだ目にかぶせる。

❹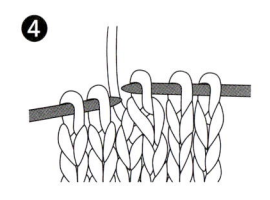

2目が1目になる。

29 かけ目をする。

30 裏編みを編む。

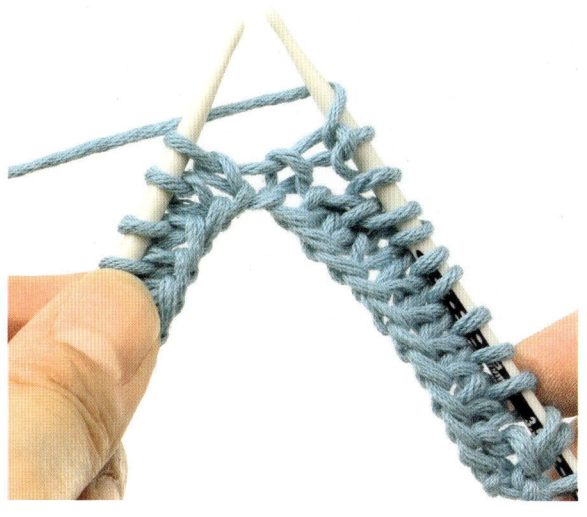

31 かけ目をする。

32 **19~21**と同様に、左上2目一度をする。

33 編み図のとおりに端まで編む。かけ目部分は穴が
あいた模様になる。

3目め

34 表編みを2目編む。

3目めは、かけ目を裏目で編むので、目を落とさないように注意。

35 通常の裏編みの編み方で糸を針の手前に置き、作り目の右側から針を入れ、糸をかける。

36 右針で糸を引き出し、左針から外す。

11目め

37 編み図のとおりに10目まで編む。11目めはかけ目のところ。

38 11目めは裏編みを編む。

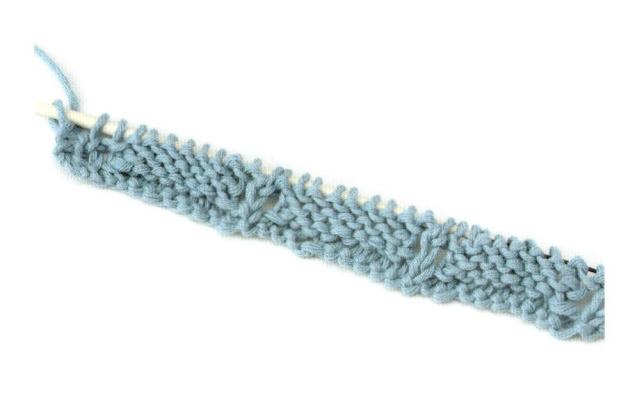

39 編み図のとおりに端まで編む。かけ目のところは穴があいた模様になる。

40 表面はこのような模様になる。

41 6段目まで編み図のとおりに編む。

42 6目めまで編み図のとおりに編む。

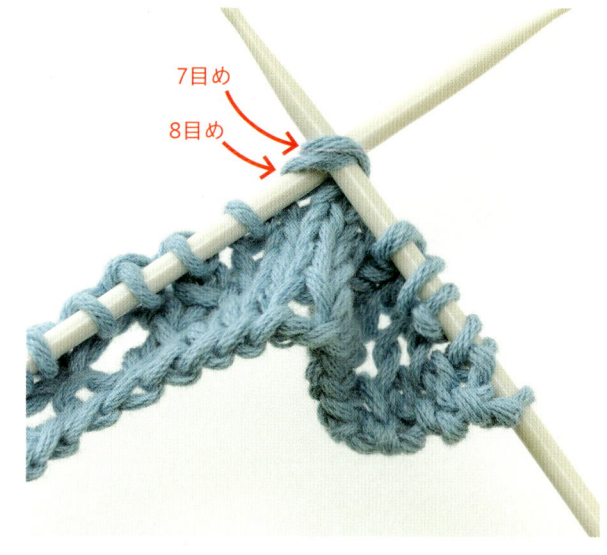

7目め
8目め

43 左針の8目めの左側から右針を入れる。

表編み
移した2目

44 7、8目めを右針に移し、9目めを表編みで編む。

45 9目めの表編みに、7、8目をかぶせる。

46 中上3目一度が編めたところ。

47 編み図のとおりに端まで編む。

〈12段目〉

48 12段目まで編んだところ。これで1模様になる。

おさらい

人 中上3目一度

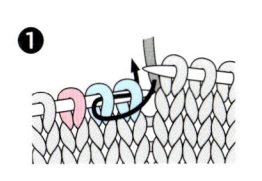

❶ 矢印のように右針を入れ1目めと2目めを移す。

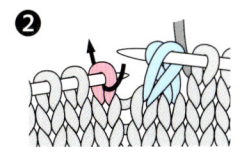

❷ 3目めを表目で編む。

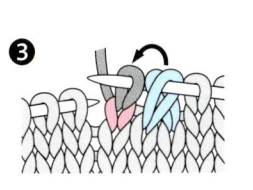

❸ 左針を使って1目めと2目めをかぶせる。

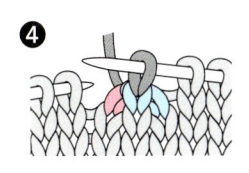

❹ 3目が1目になる。

その他の編み記号　P.78 からの透かし編みのアイテムで使用する主な編み記号です。

ねじり目

 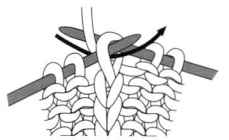 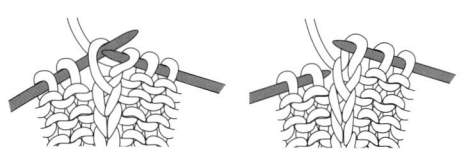

❶右針を左針の目の向こう側に入れる。　❷右針に糸をかけ、矢印のように手前に引き出す。　❸引き出したループの根元がねじれる。

右上3目一度

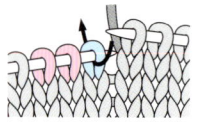 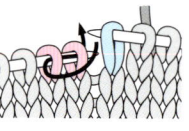 

❶矢印のように右針を入れ1目めを移す。　❷2目めと3目めを2目一度で編む。　❸左針を使って1目めをかぶせる。

左上3目一度

 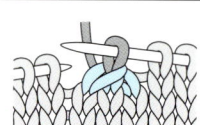

❶矢印のように右針を入れ3目一度に表目で編む。

右増し目

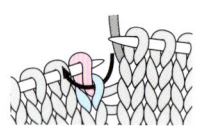 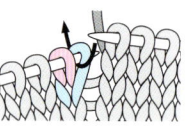 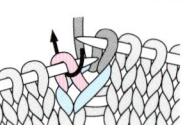

❶一段下の目を右針で拾い左針にかける。　❷表目で編む。　❸表目で編む。

左増し目

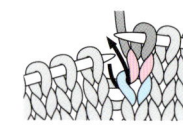 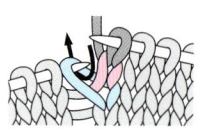 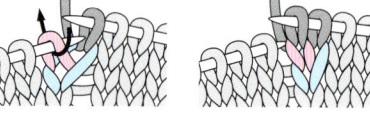

❶表目で編む。　❷2段下の目を左針で拾う。　❸表目で編む。

右上1目交差

 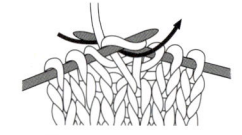 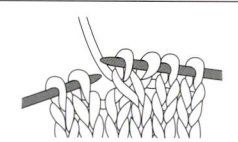

❶左針の1目めをとばし、2目めに向こう側から右針で入れる。　❷1目編む。　❸左針のとばした1目を編む。　❹糸を引き出したら左針から2目はずす。

左上1目交差

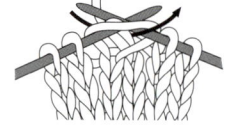  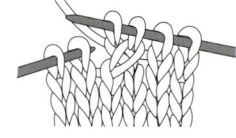

❶左針の1目めをとばし、2目めに矢印のように針を入れる。　❷1目編む。　❸右側の1目を編む。　❹糸を引き出したら左針から2目はずす。

表目の伏せ止め

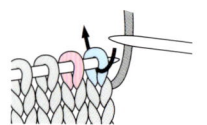 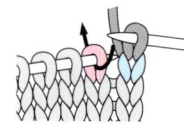 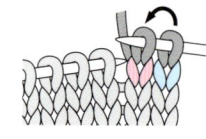 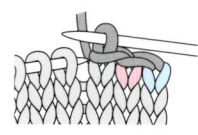

❶1目めを表目で編む。　❷2目めを表目で編む。　❸1目めを2目めにかぶせる。　❹❷・❸を繰り返す。

CHAPTER 2

透かし編みの
パターン集

透かし編みのパターンを「Leaf」「Diamond」「Triangle」
「Wave」の4種に分類し、スワッチと編み図をセットにして
紹介しています。編み図の見方は、ブランクはすべて表編み、
その他の編み記号は明記しています。赤枠部分が一模様にな
るので、輪針で編む場合は編み始めと編み終わりの模様は
省いてください。大きく編みたい場合は、一模様単位で増や
しましょう。

01

col.303

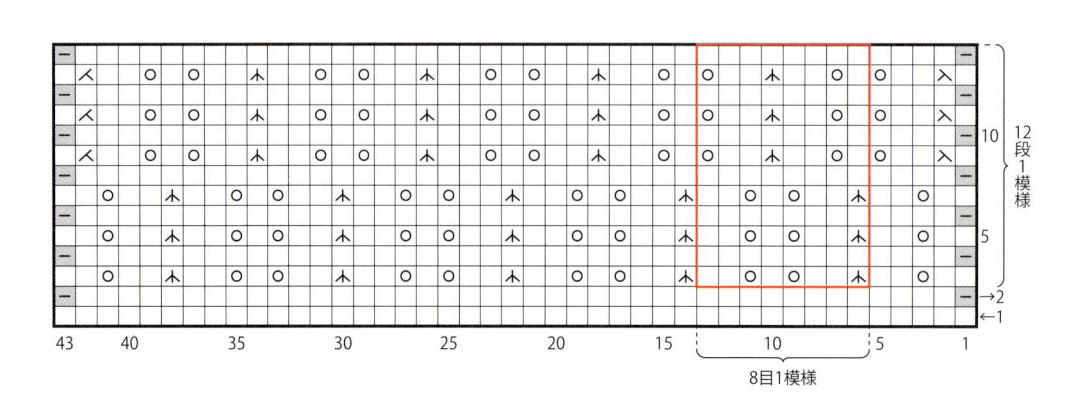

col.304

02

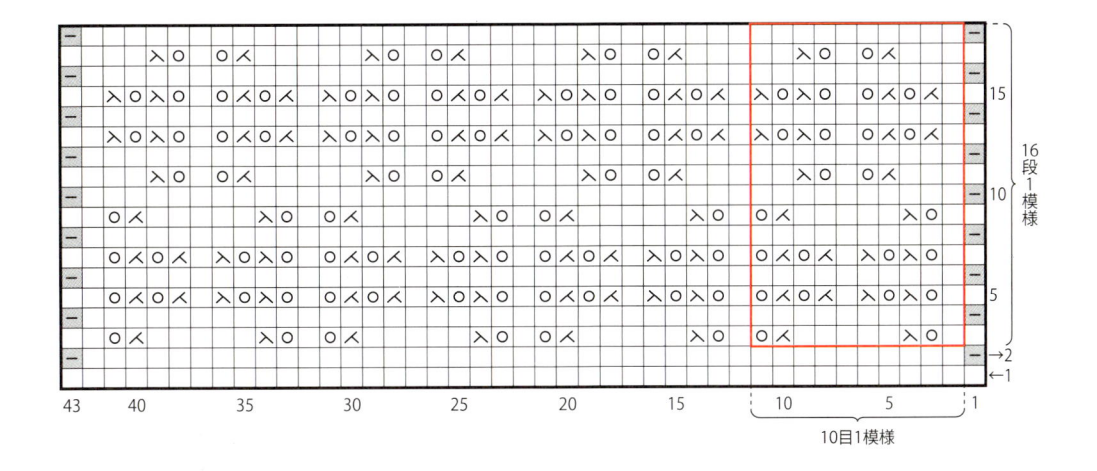

43　　40　　　　35　　　　30　　　25　　　　20　　　　15　　　　10　　　5　　1

16段1模様

10目1模様

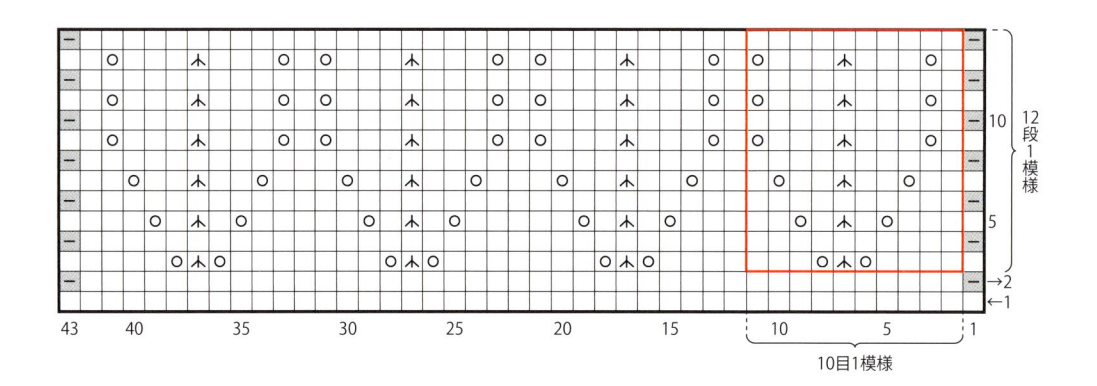

12段1模様

10目1模様

col.302

col.301

04

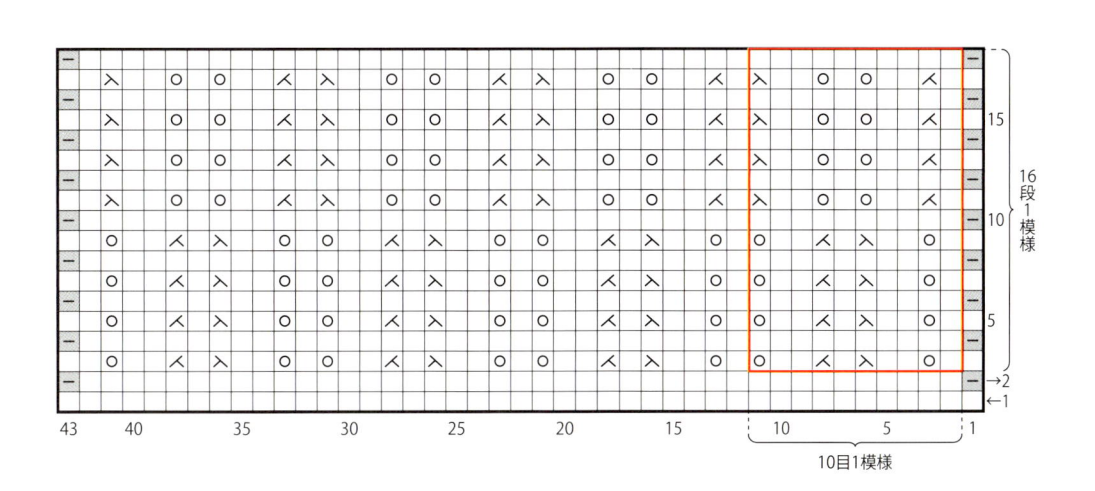

43　40　　35　　30　　25　　20　　15　　　10　　5　　1

10目1模様

16段1模様

05

col.306

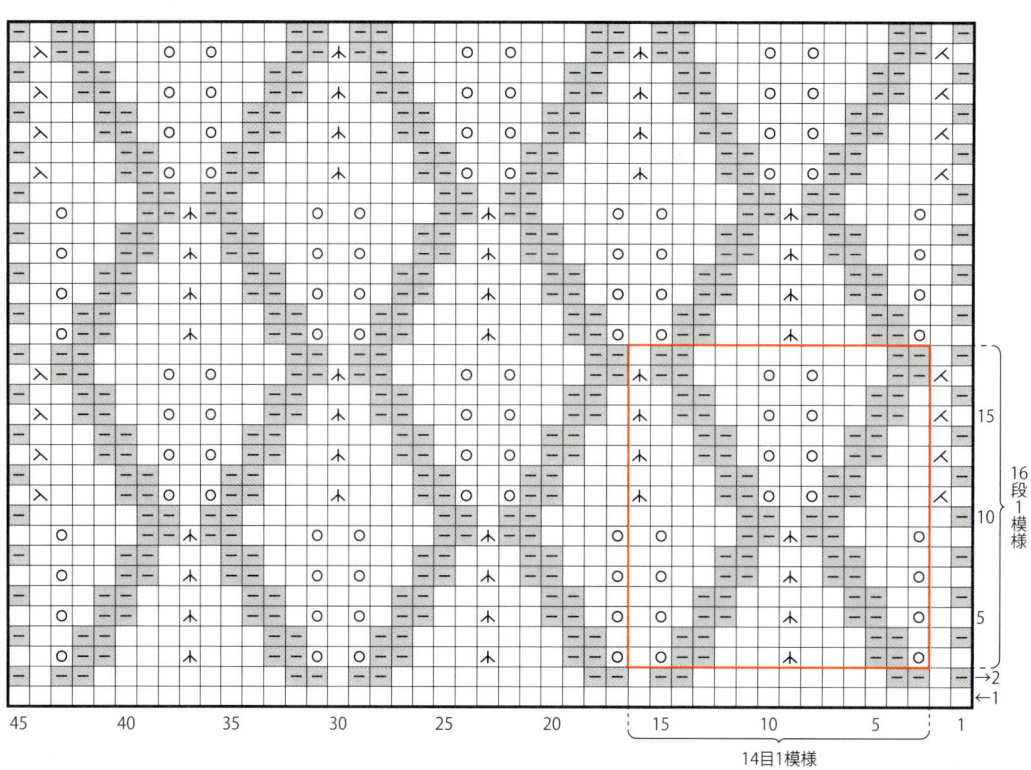

16段1模様

14目1模様

06

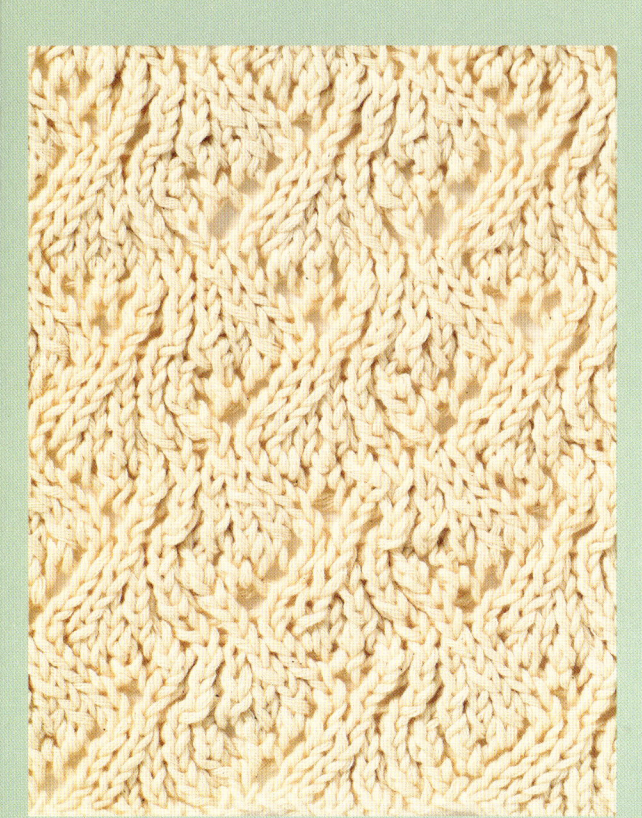

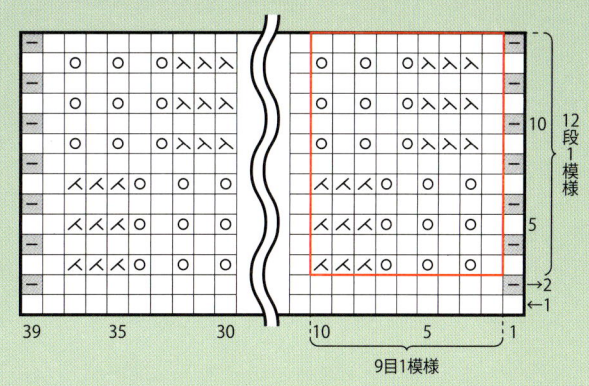

col.301

07

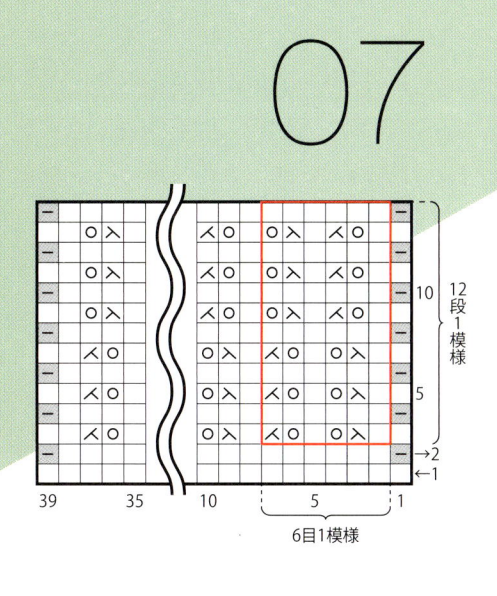

col.308

08

col.305

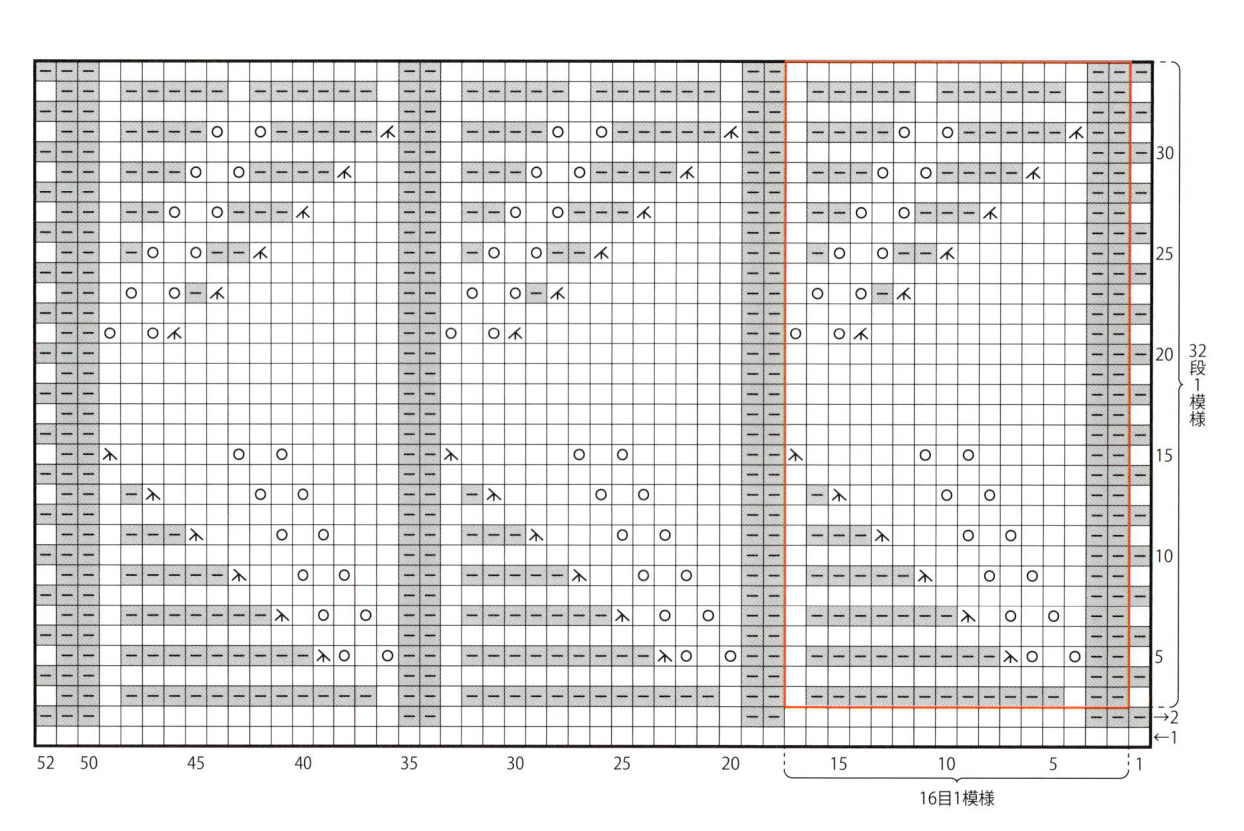

32 目 1 模様

32

col.306

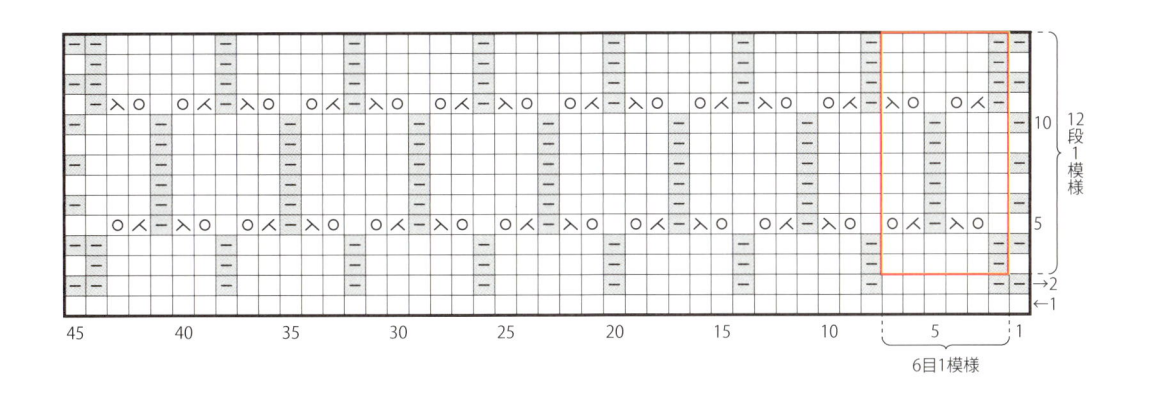

12段1模様

6目1模様

col.307

10

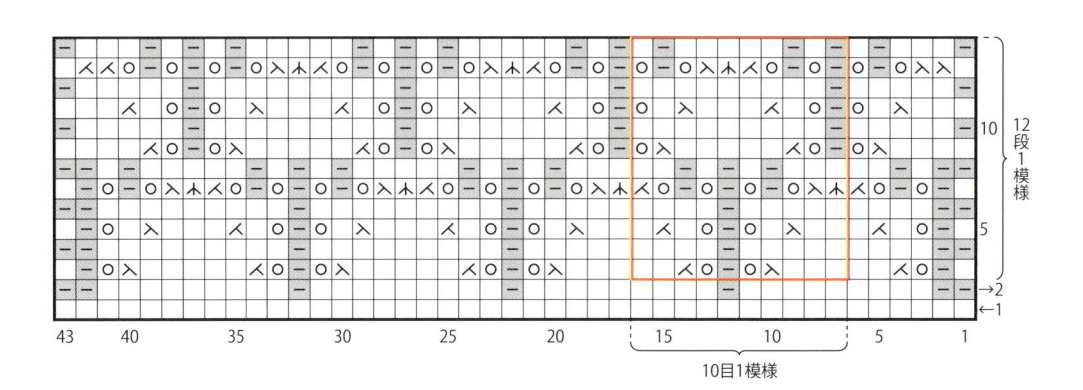

col.305

11

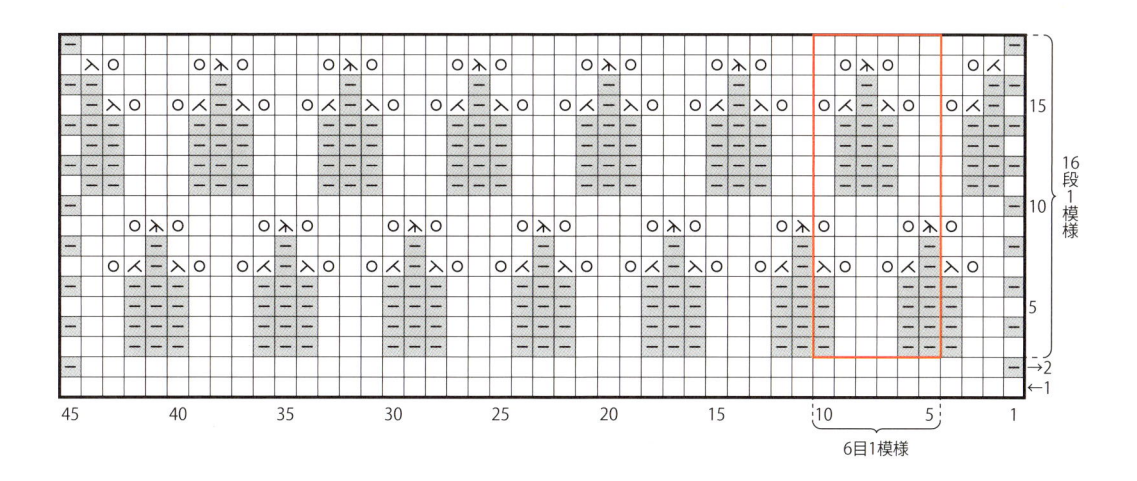

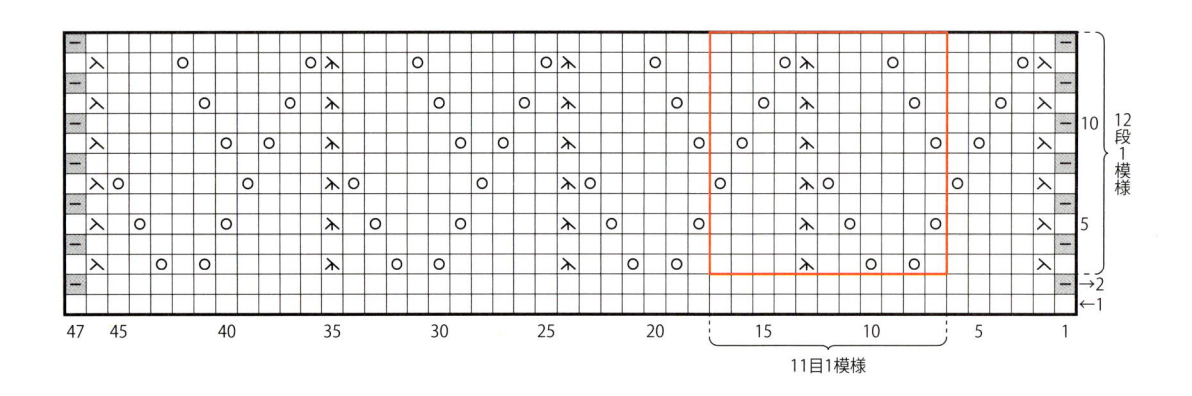

12

col.301

col.308

13

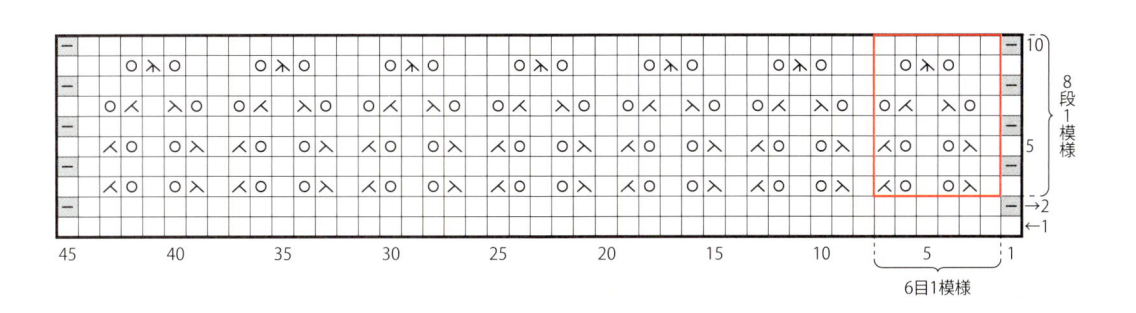

col.302

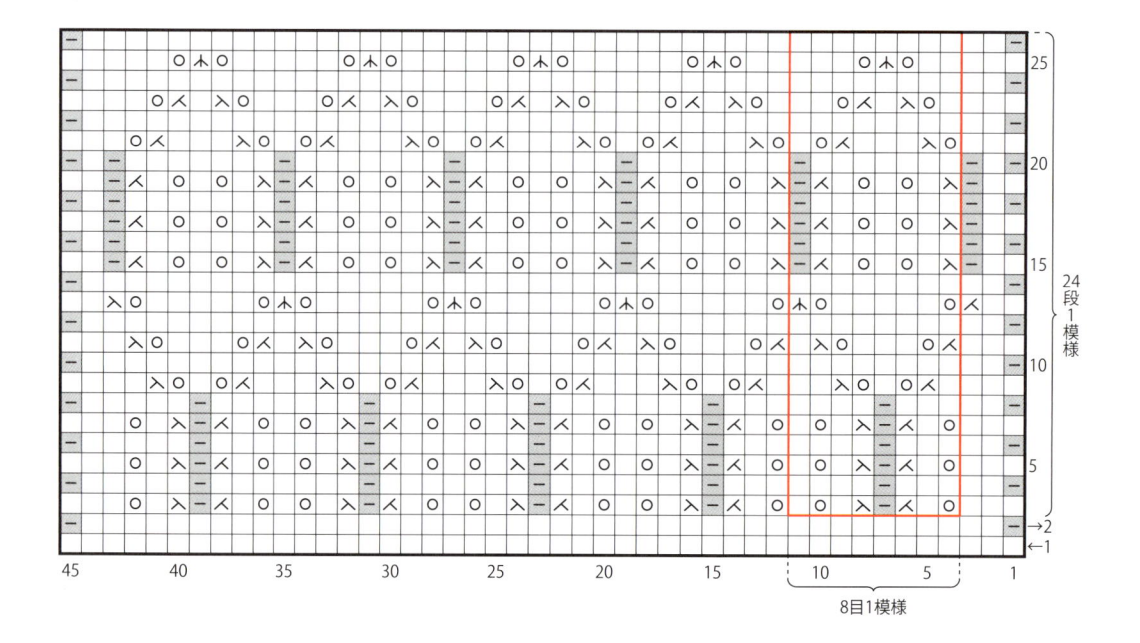

24段1模様

8目1模様

col.304

15

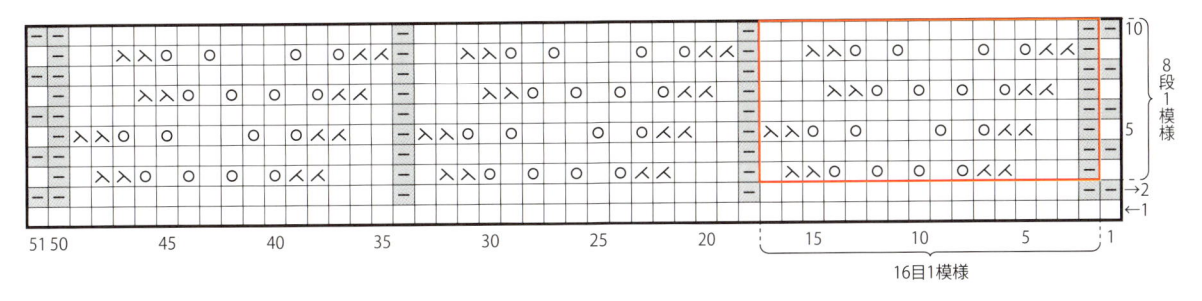

col.306

16

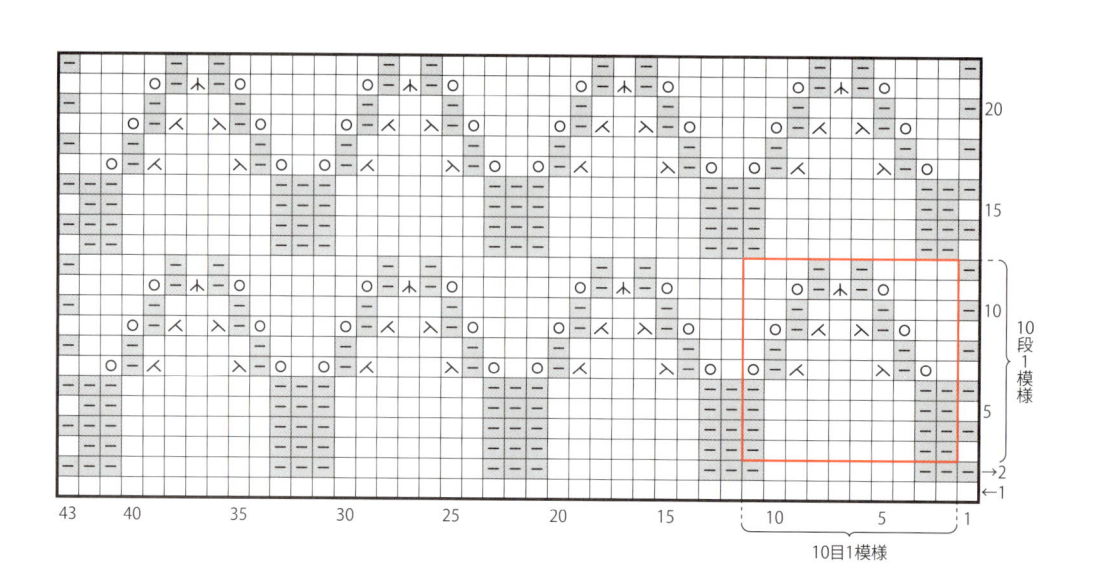

col.303

17

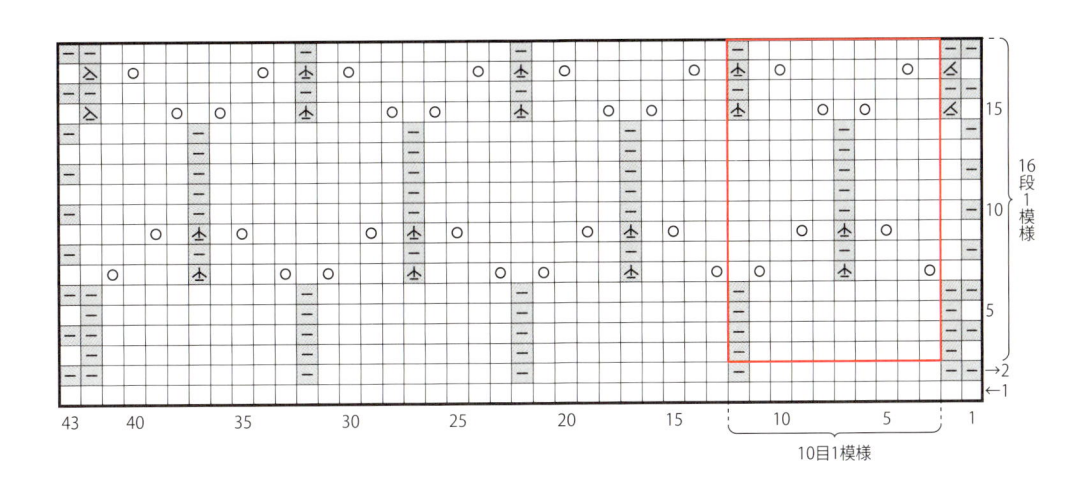

43　40　　35　　30　25　　20　　15　　　10　　5　1

10目1模様

16段1模様

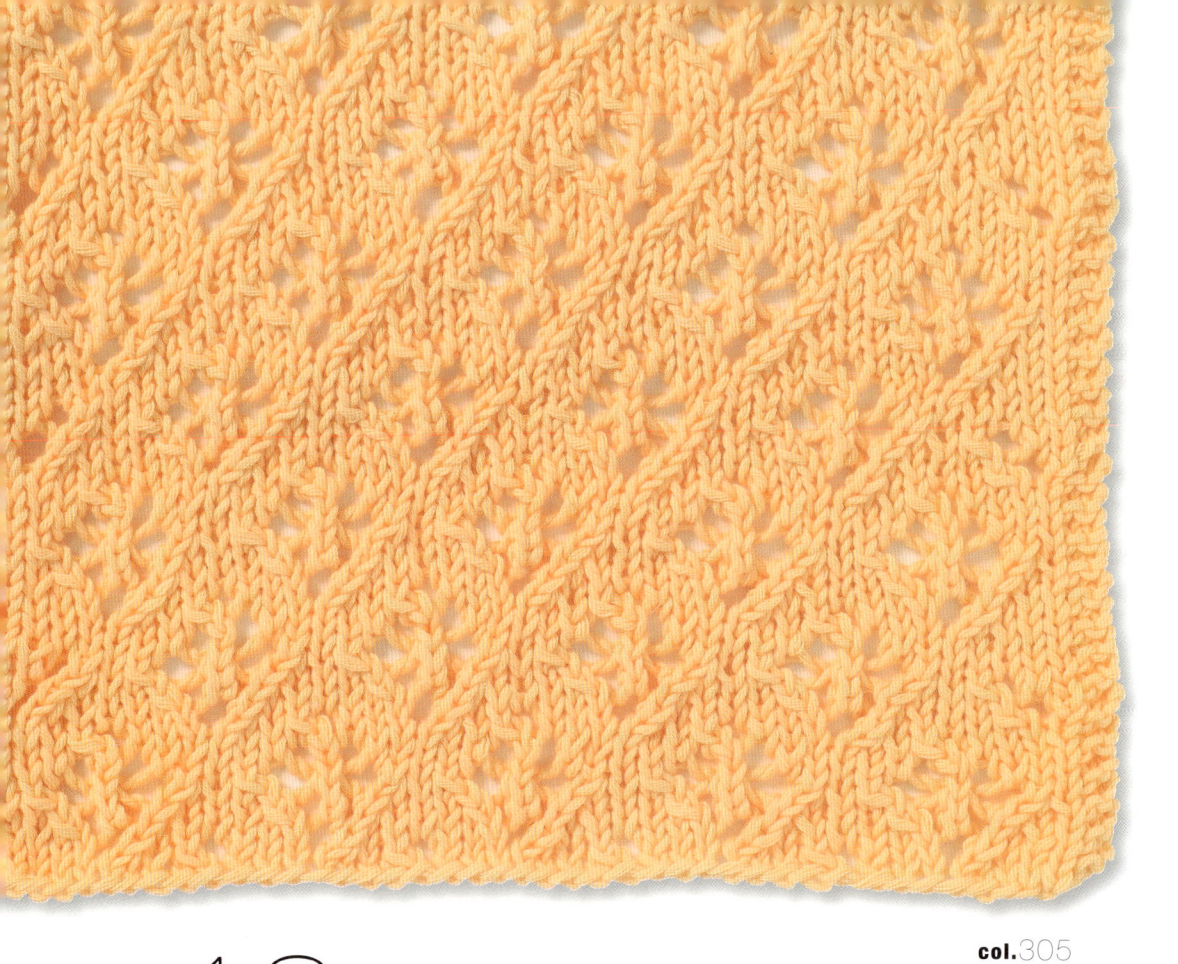

18

col.305

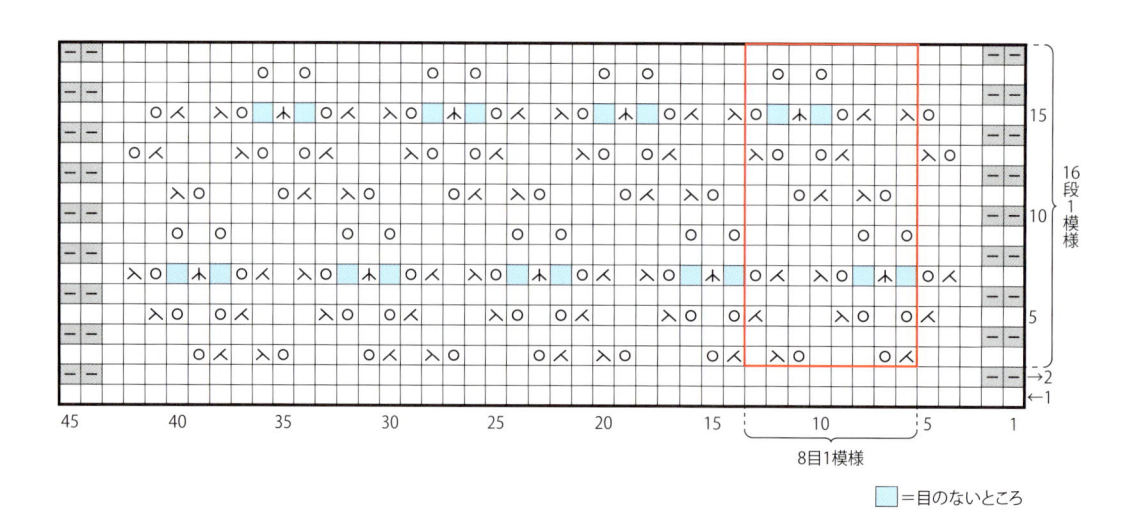

□ = 目のないところ

19

col.306

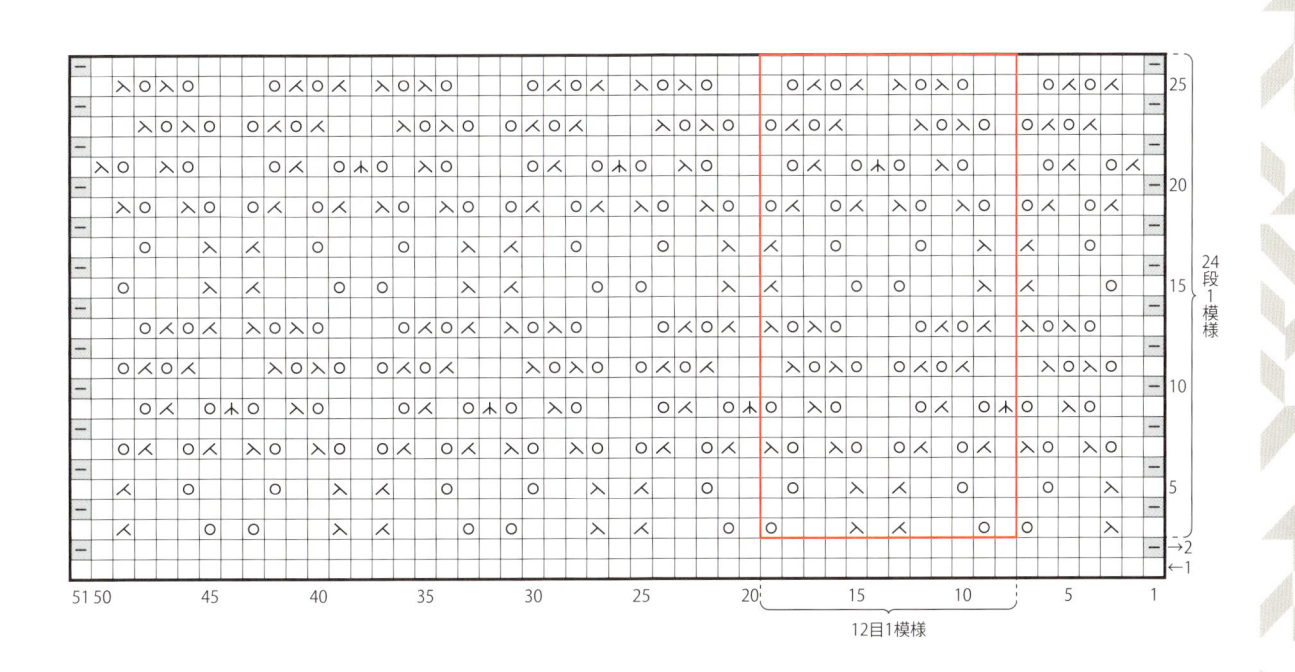

20

col.307

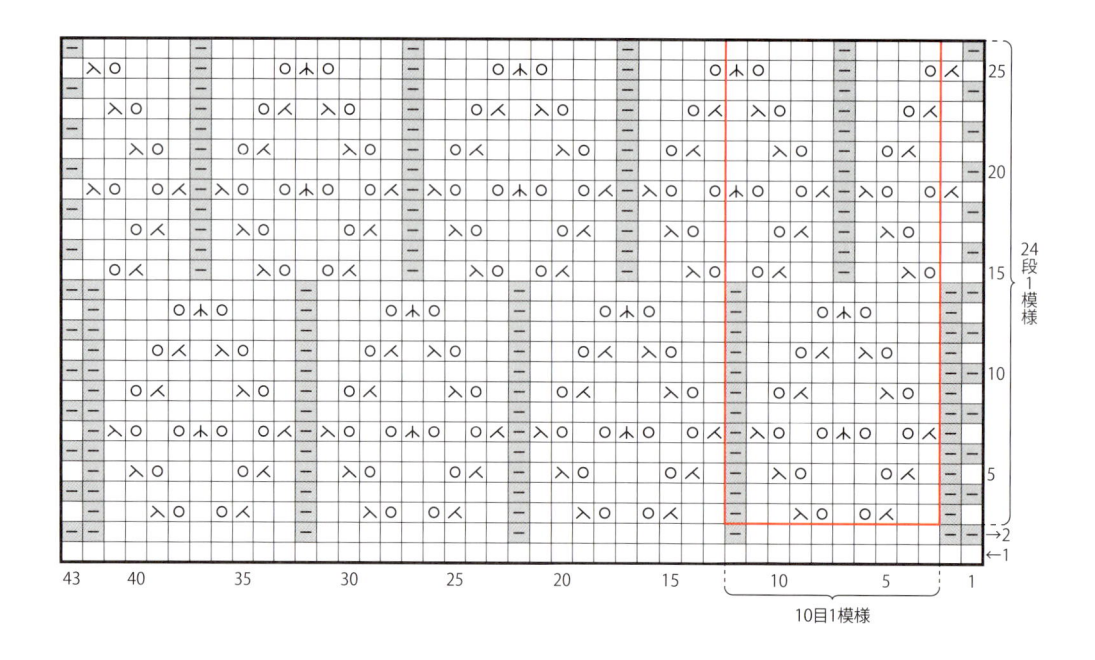

24段1模様

10目1模様

21

col.308

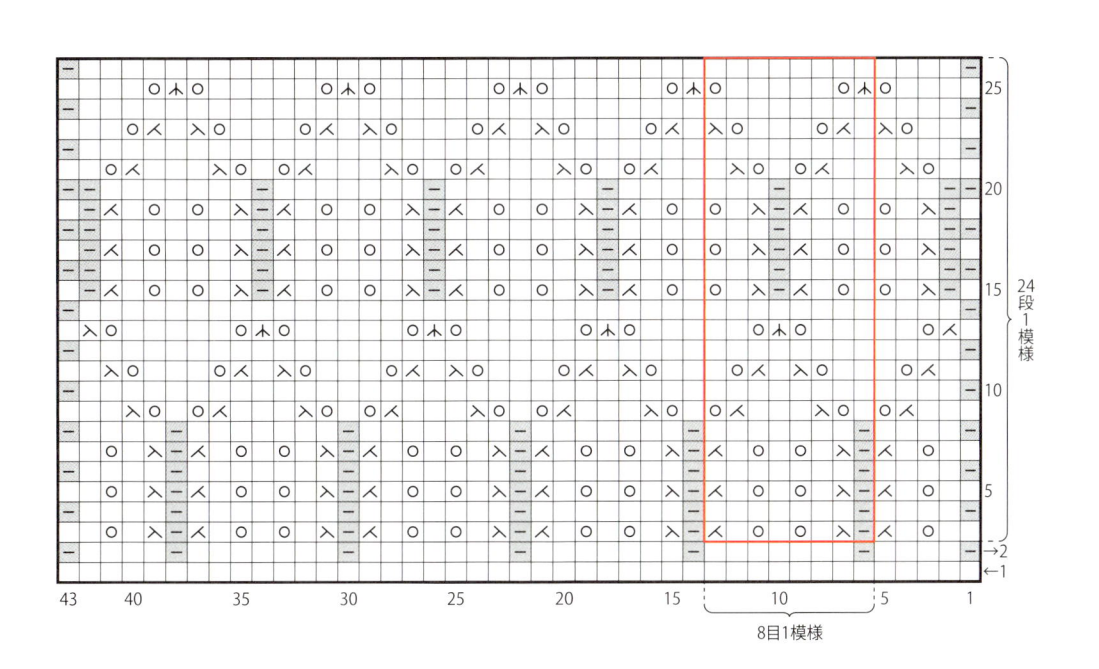

col.301

22

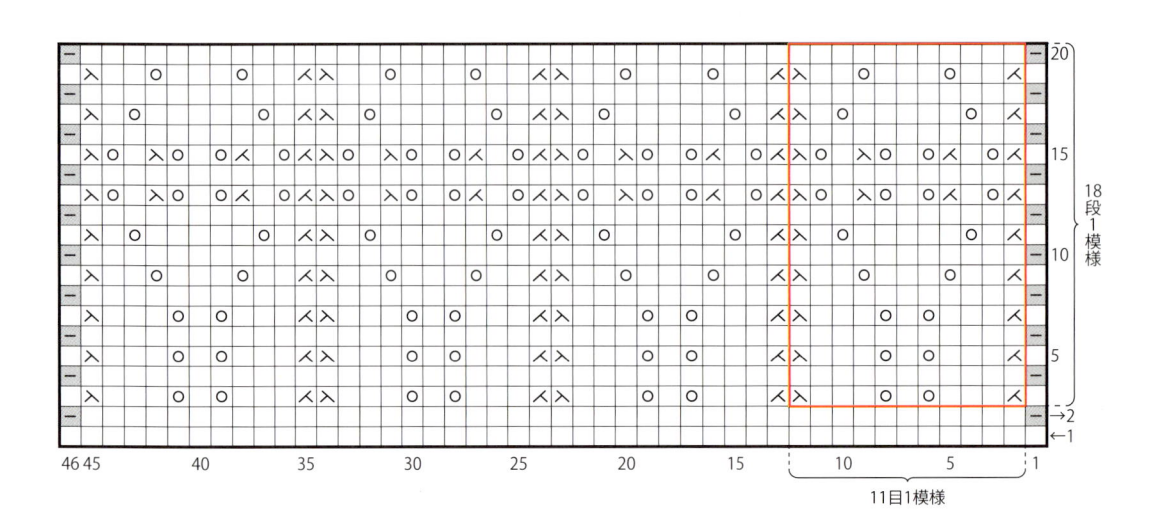

18段1模様

11目1模様

col.303

23

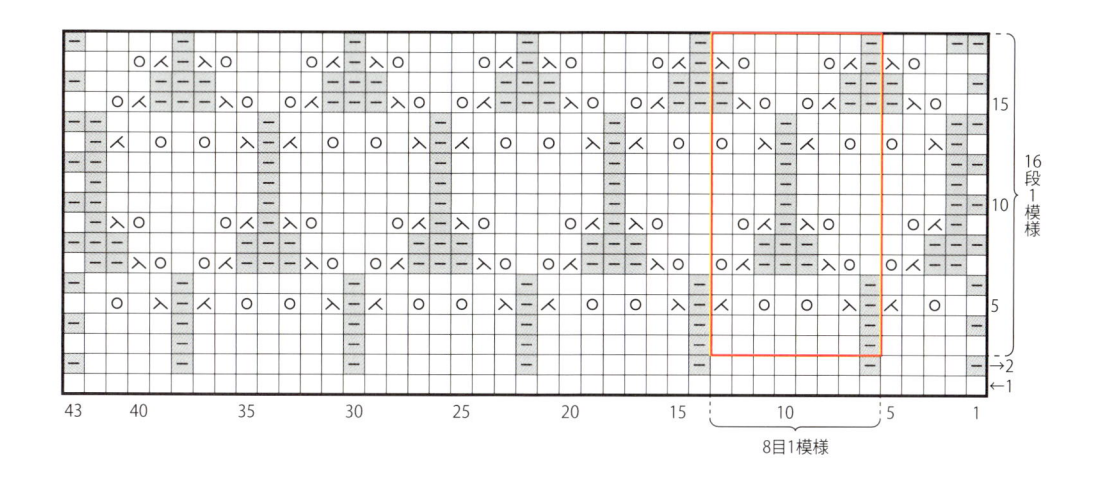

col.306

24

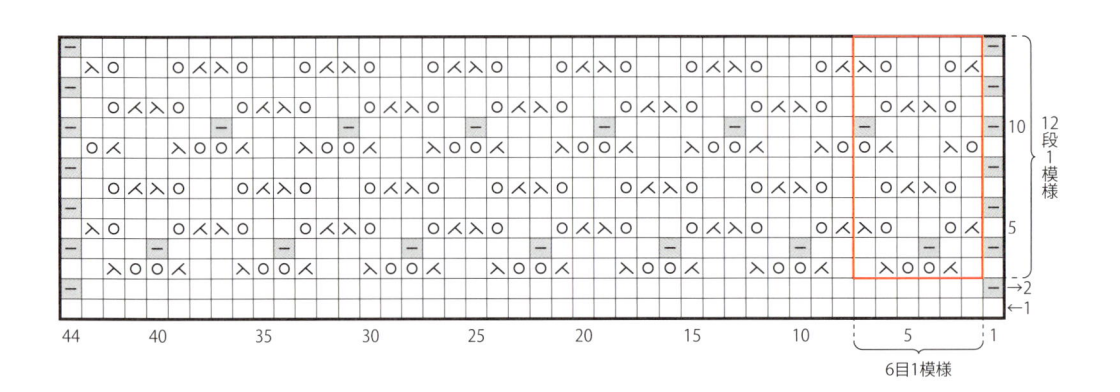

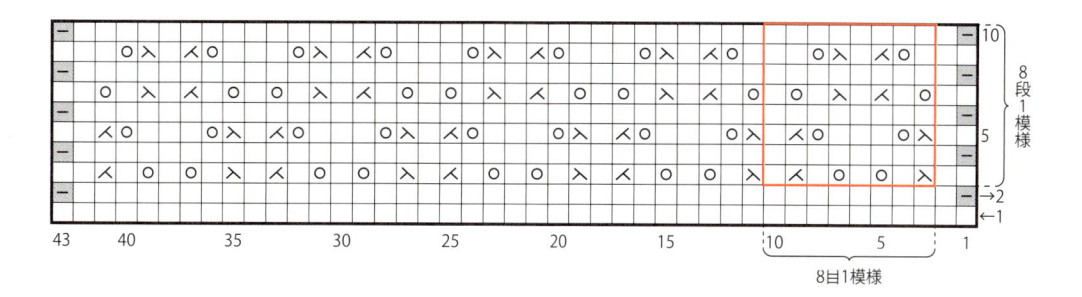

25

col.304

col.302

26

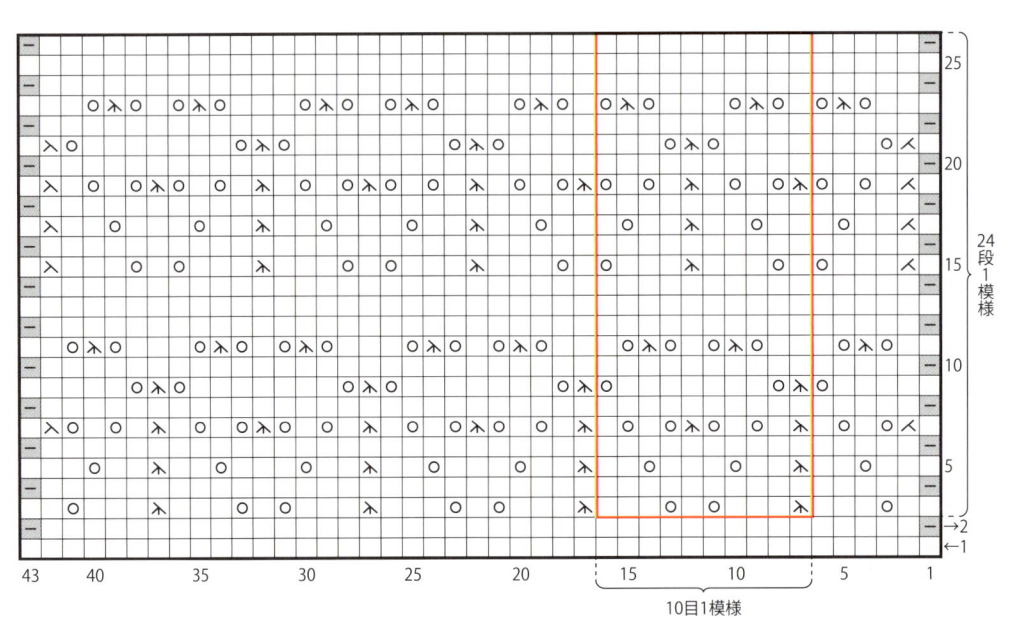

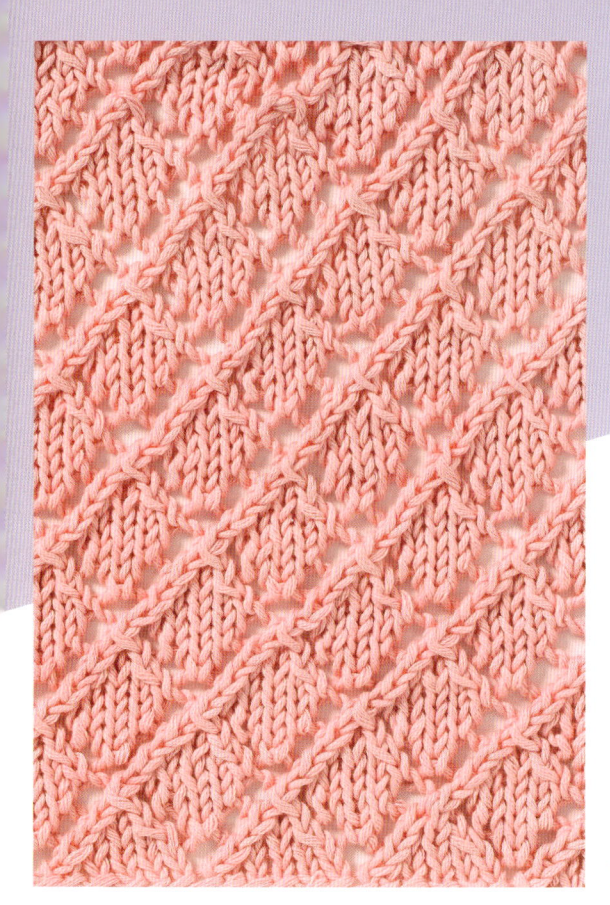

27

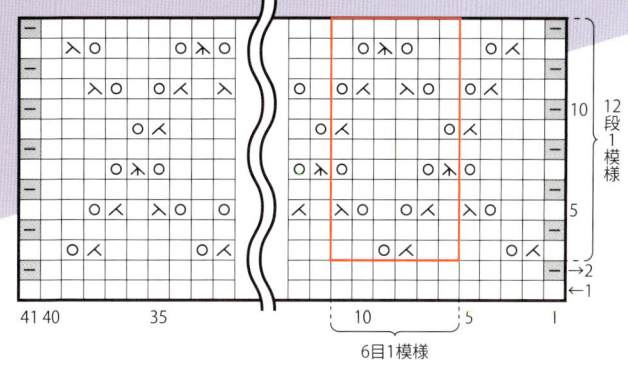

12段1模様

41 40　　　35

6目1模様

col.304

28

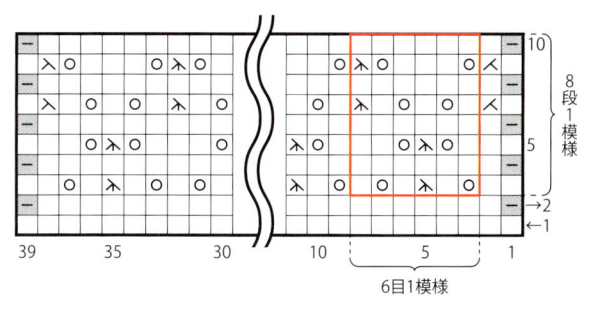

8段1模様

39　　35　　30　　10　　5　　1

6目1模様

col.305

29

col.307

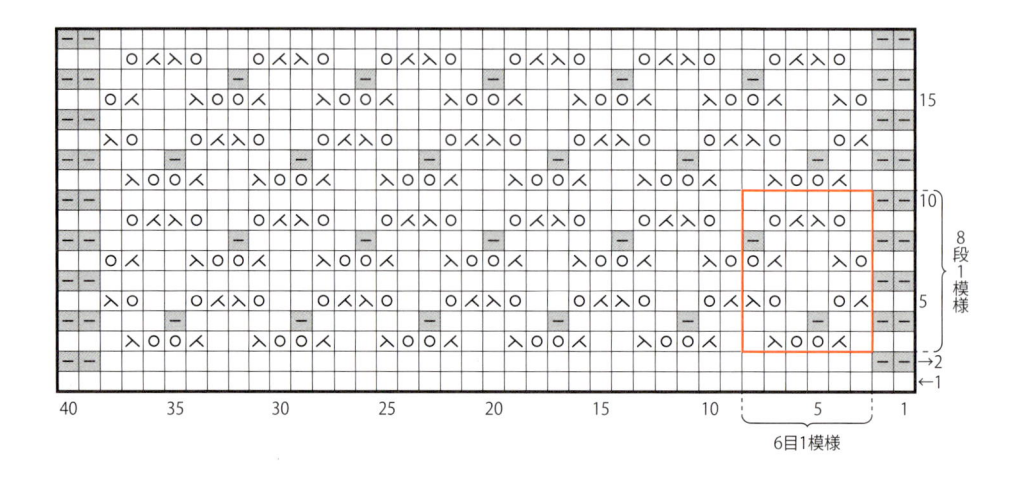

30

col.304

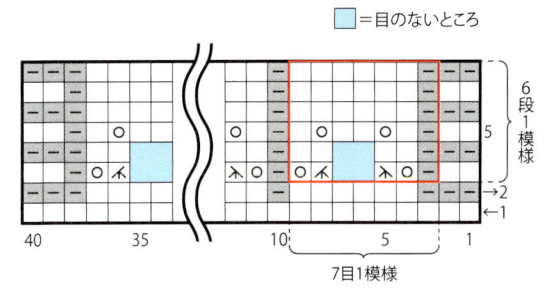

□=目のないところ

6段1模様

5

→2
←1

40　　35　　10　　5　　1

7目1模様

31

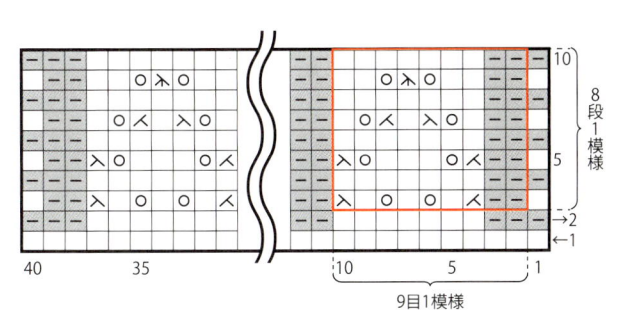

8段1模様

5

→2
←1

40　　35　　10　　5　　1

9目1模様

col.302

32

col.307

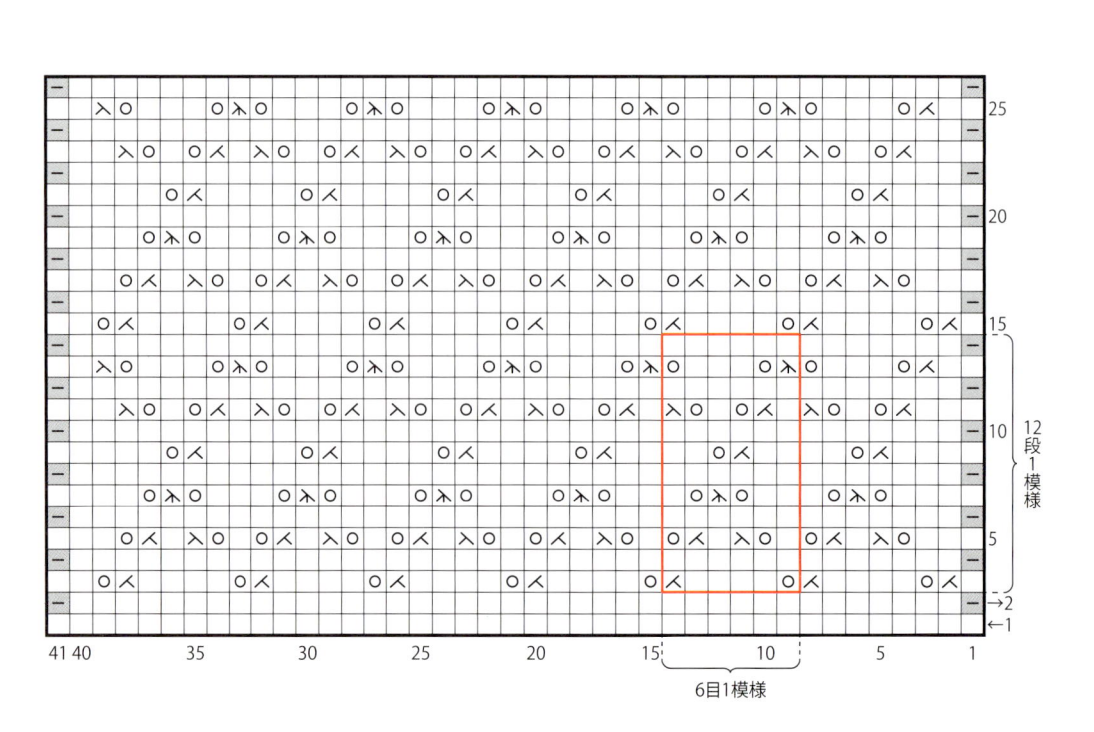

6目1模様

12段1模様

41 40　35　30　25　20　15　10　5　1

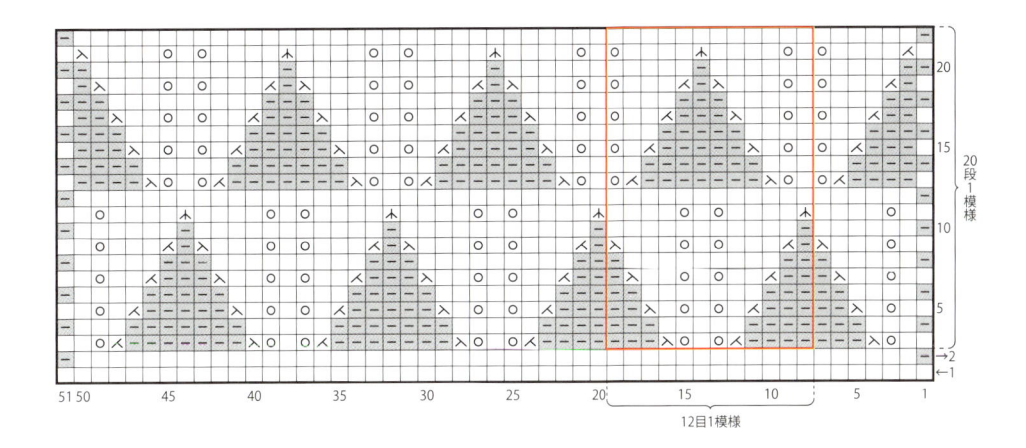

33

col.303

34

col.303

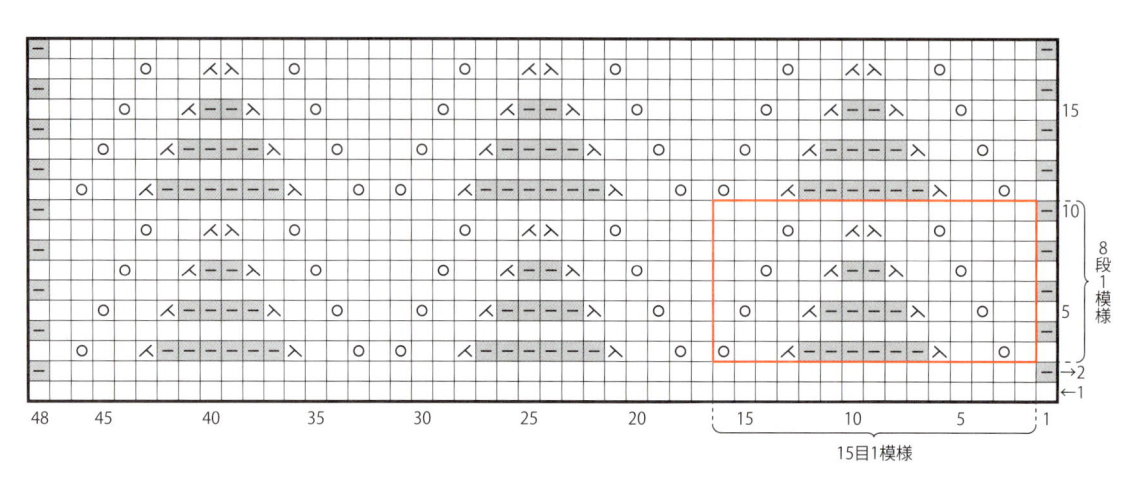

col.307

35

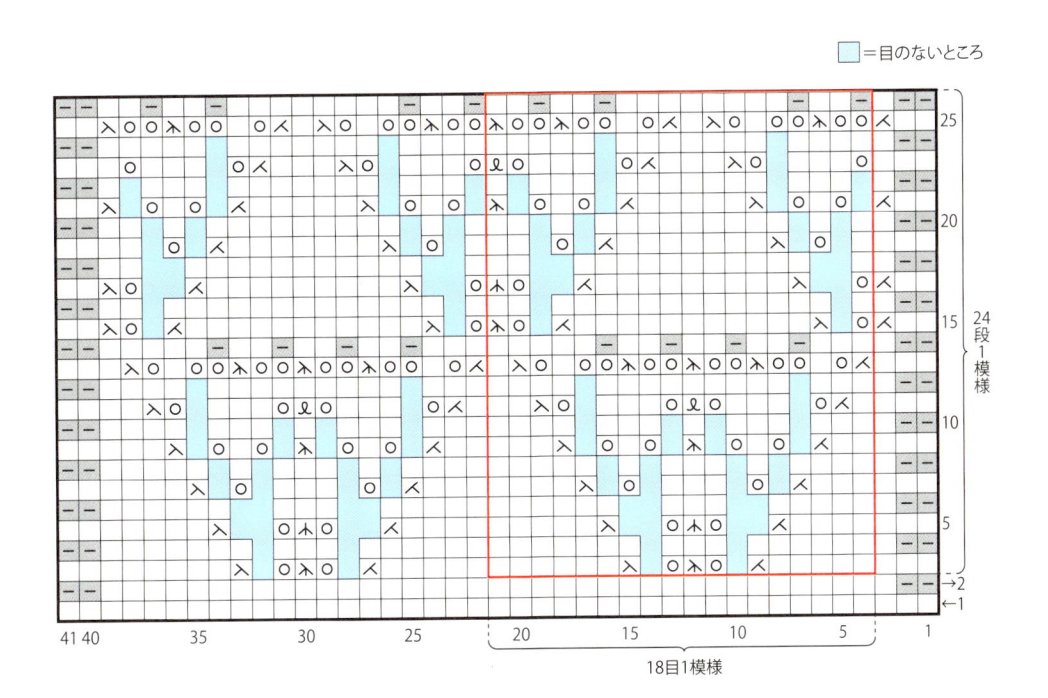

□=目のないところ

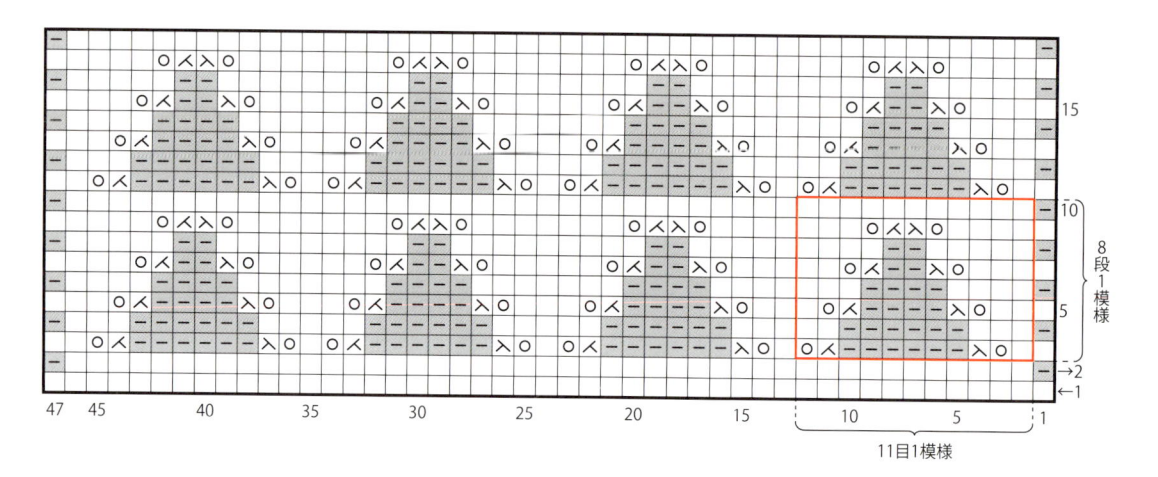

36

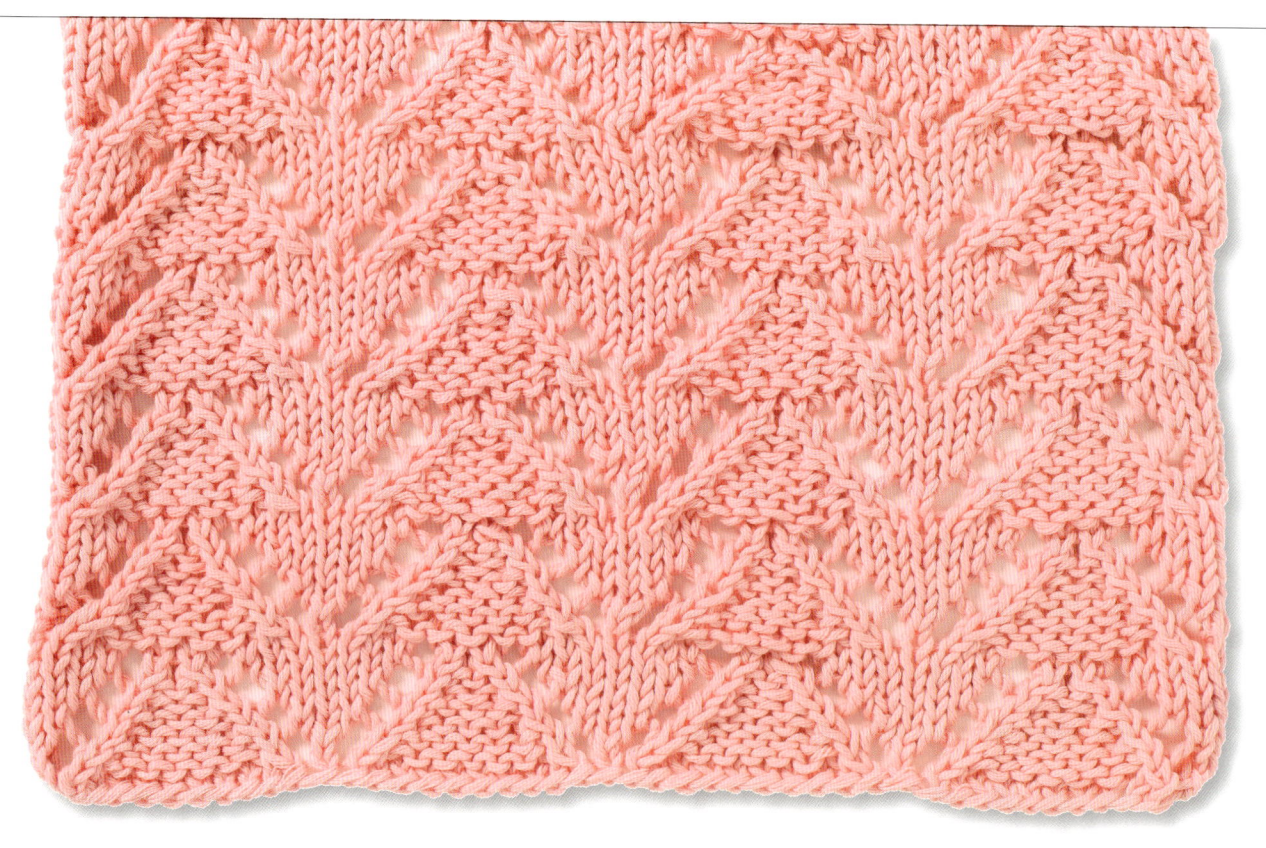

col.304

37

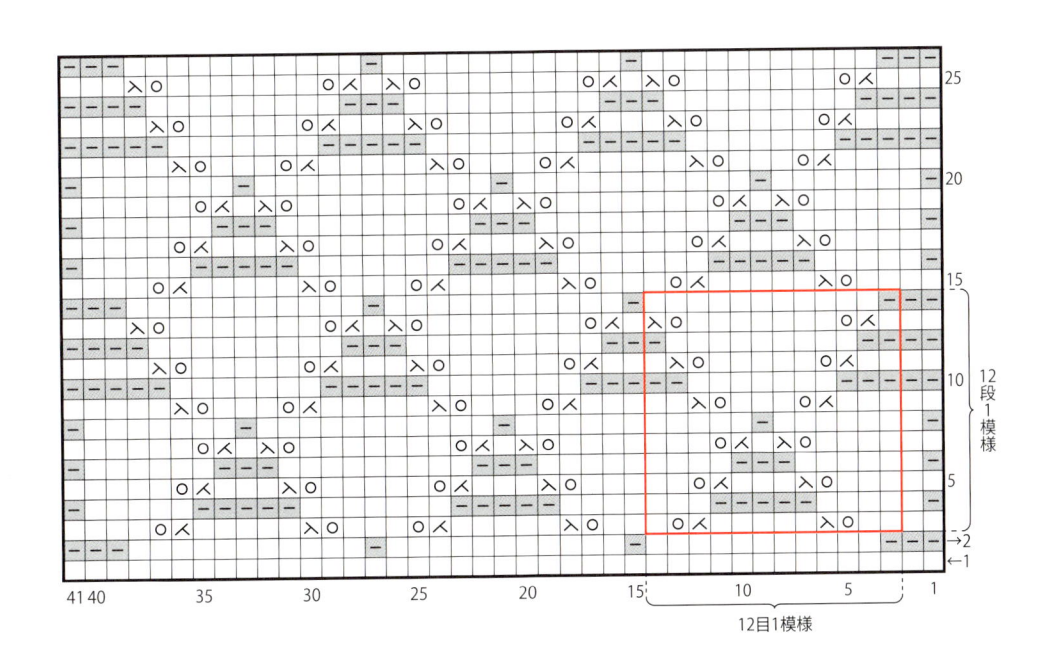

38

col.308

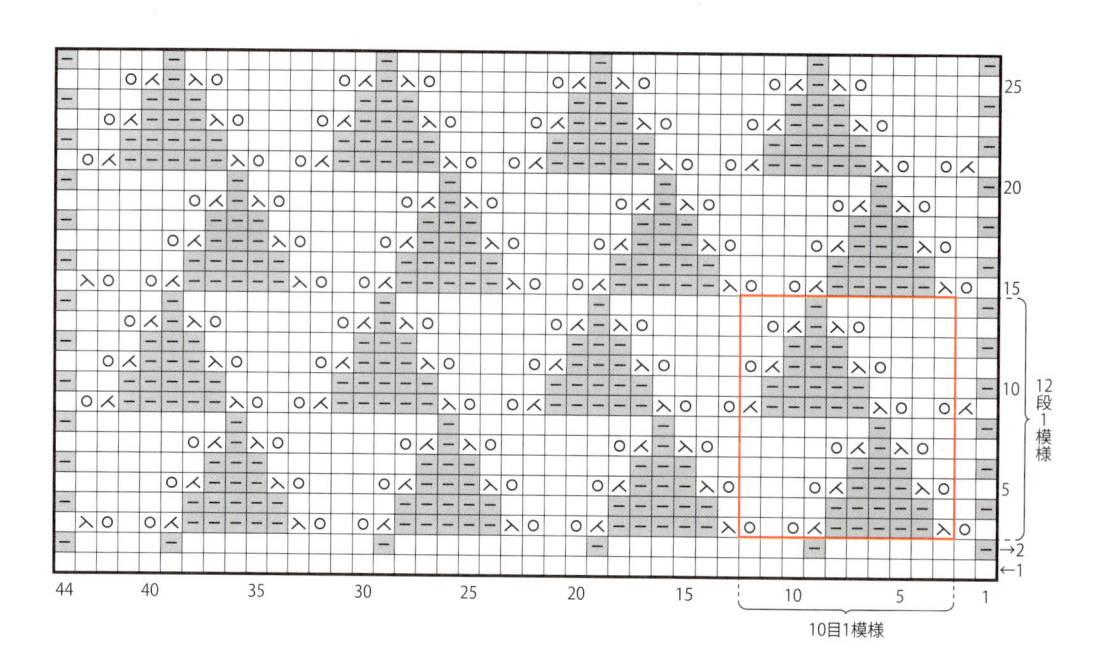

39

col.306

Triangle

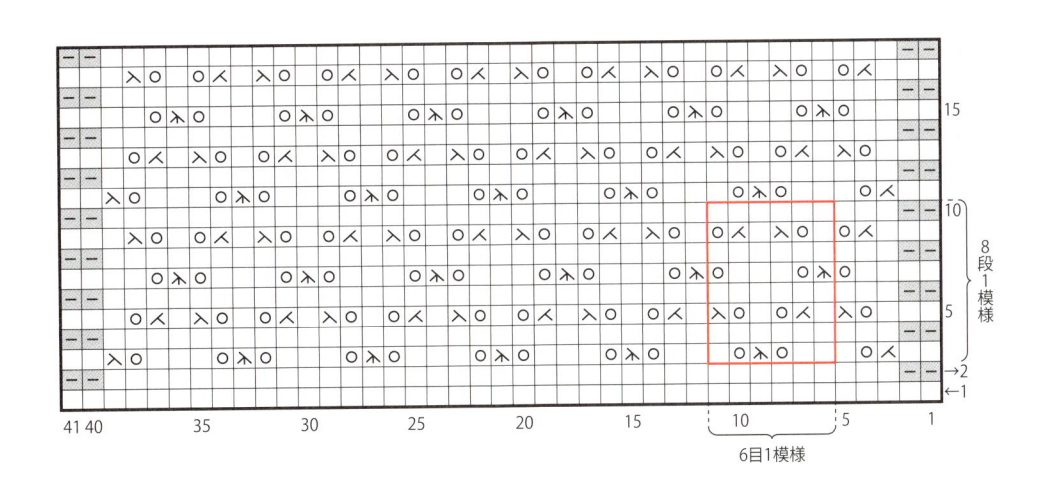

61

40

col.308

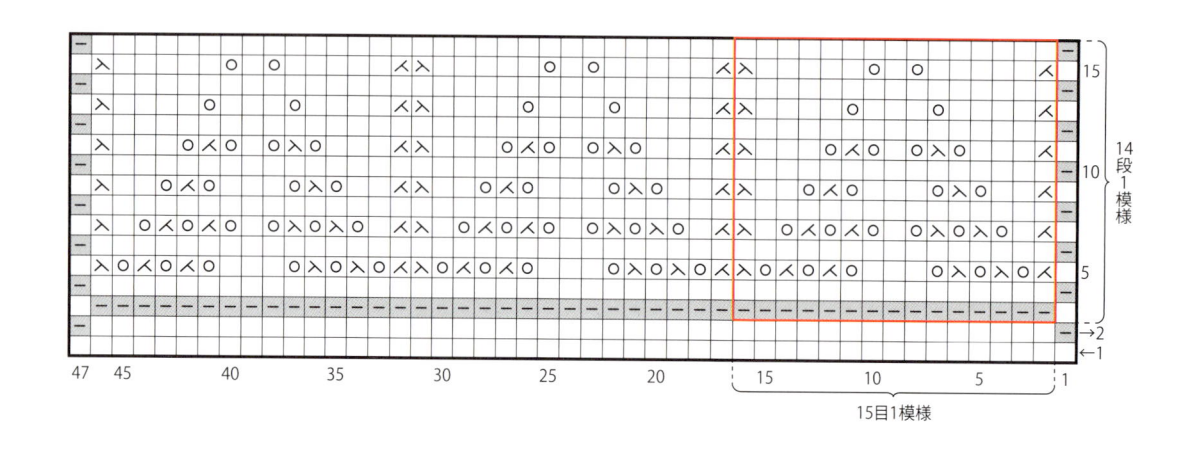

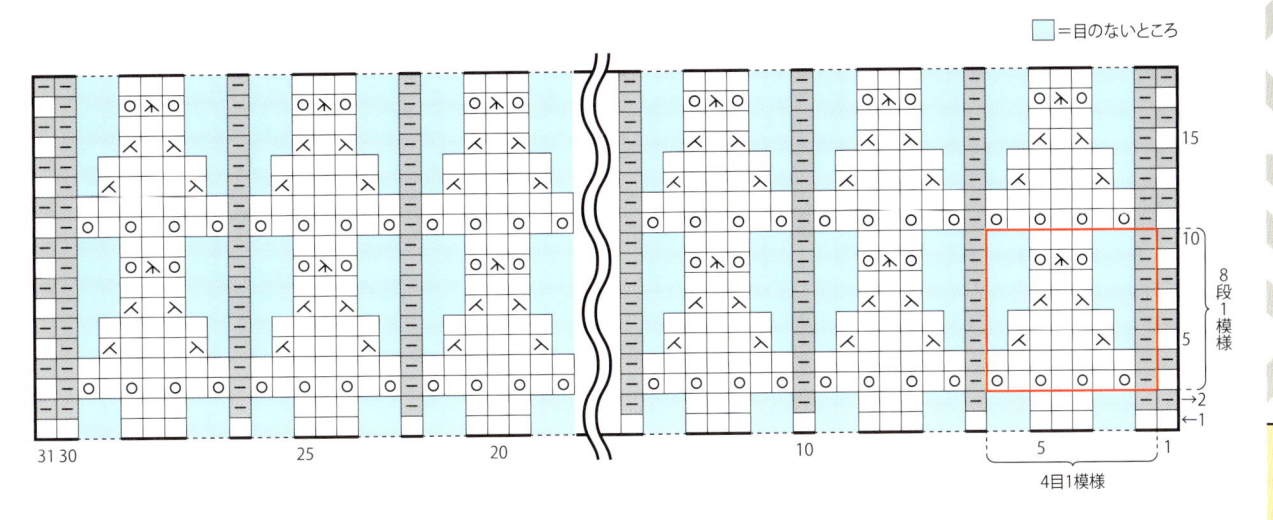

□ ＝目のないところ

31 30　　　　25　　　　20　　　　10　　　　5　　　1

4目1模様

8段1模様

15

10

5

→2
←1

41

col.305

42

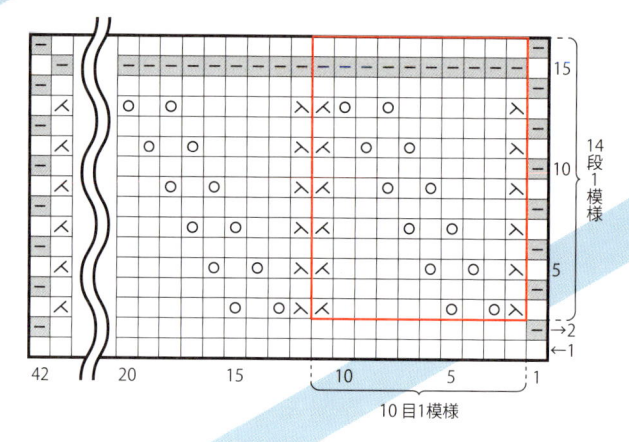

col.306

43

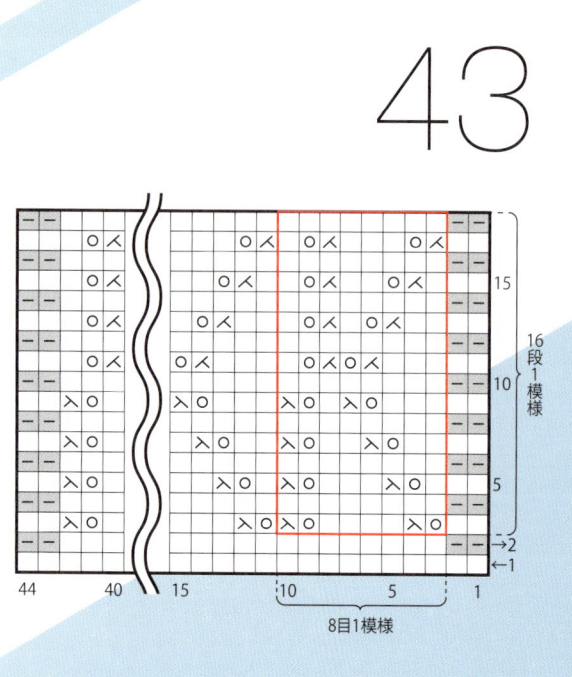

col.308

col.305

44

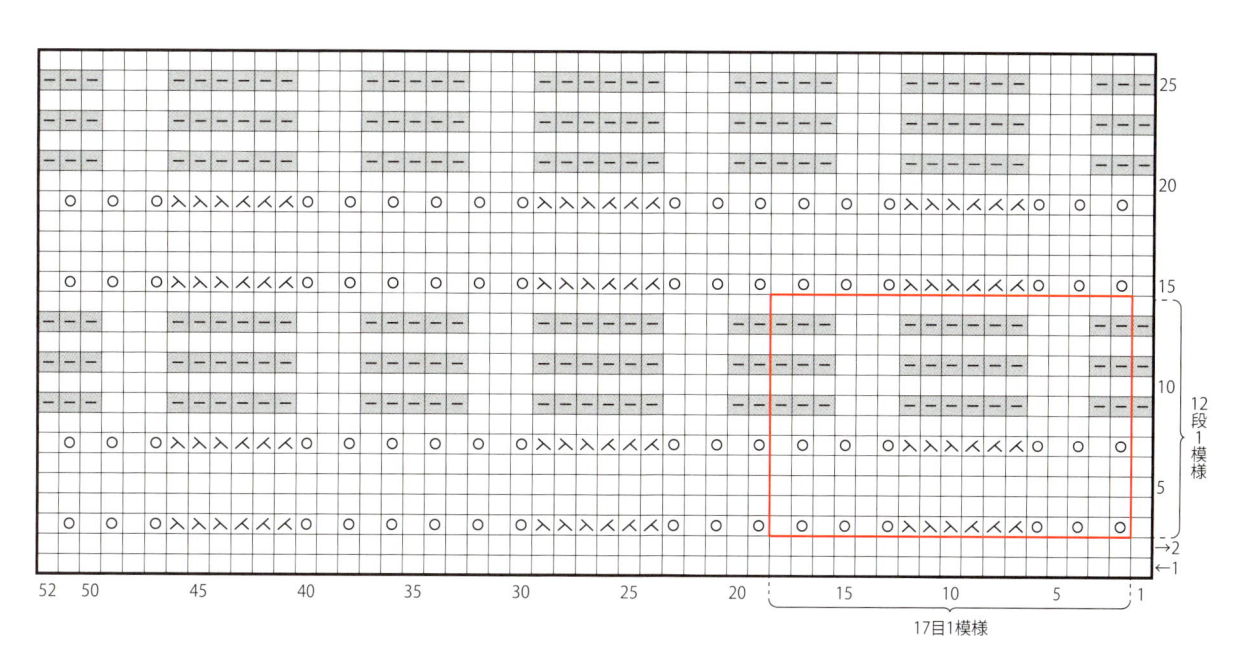

17目1模様

12段1模様

45

col.306

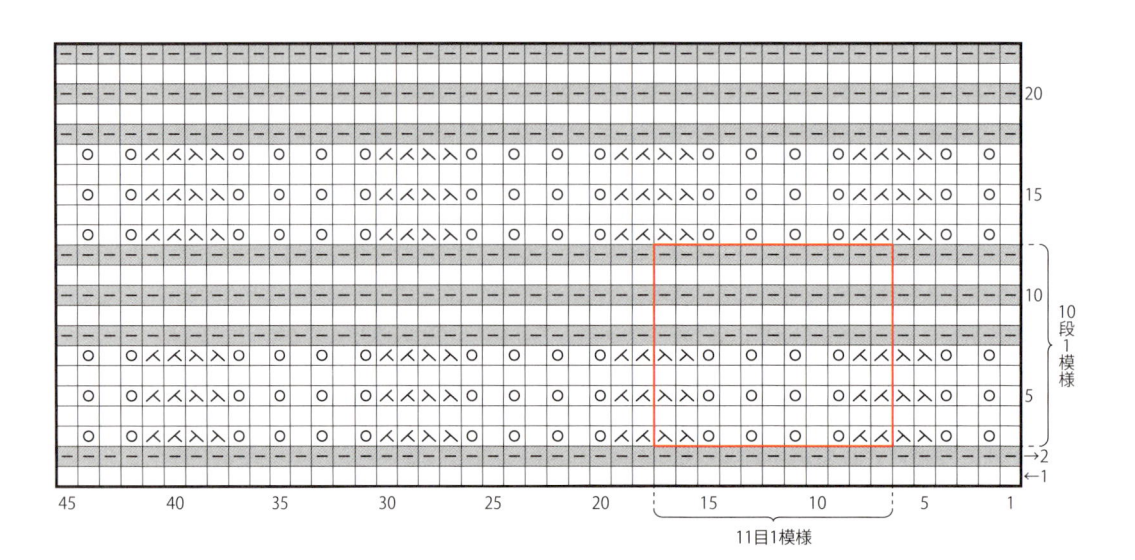

46

col.307

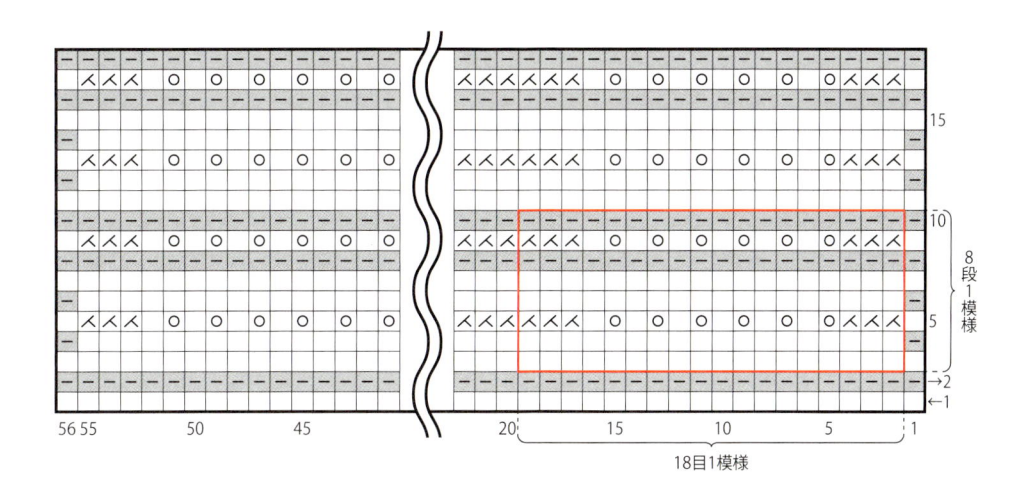

8段1模様

18目1模様

col.308

47

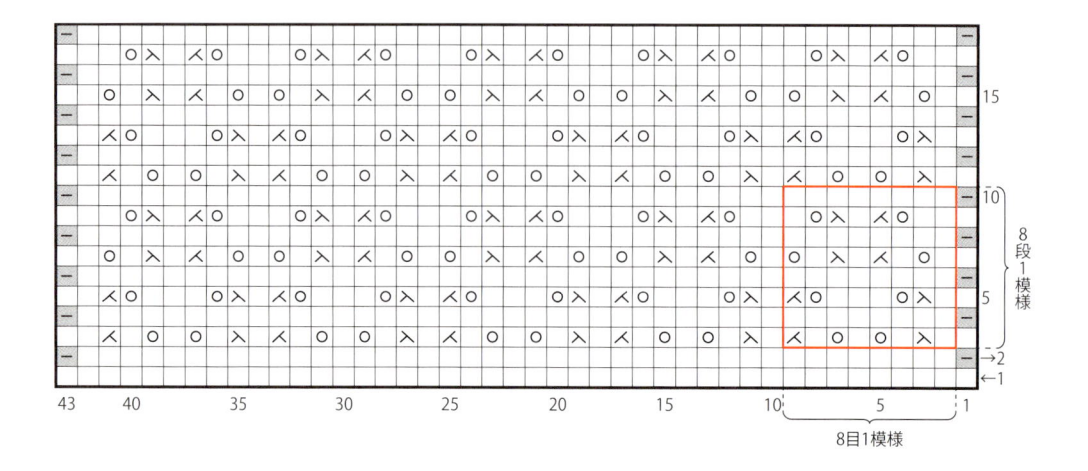

8目1模様

8段1模様

col.306

48

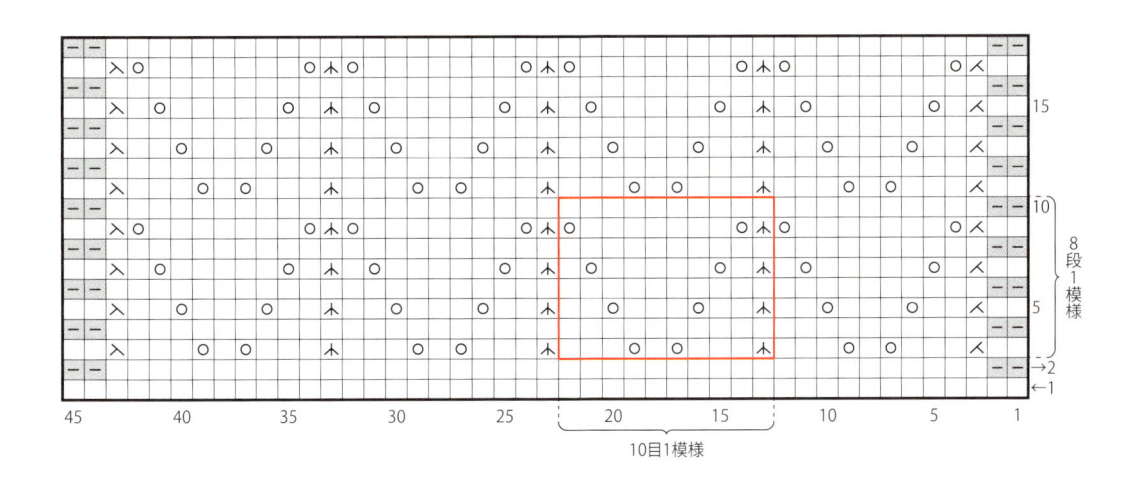

8段1模様

10目1模様

col.306

49

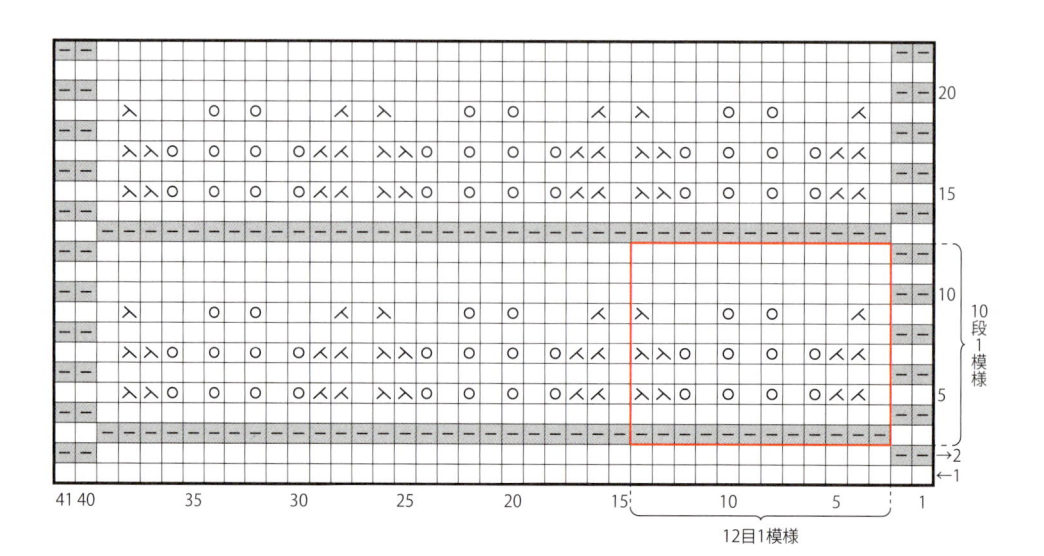

41 40　　35　　30　　25　　20　　15　　10　　5　　1

12目1模様

10段1模様

col.304

50

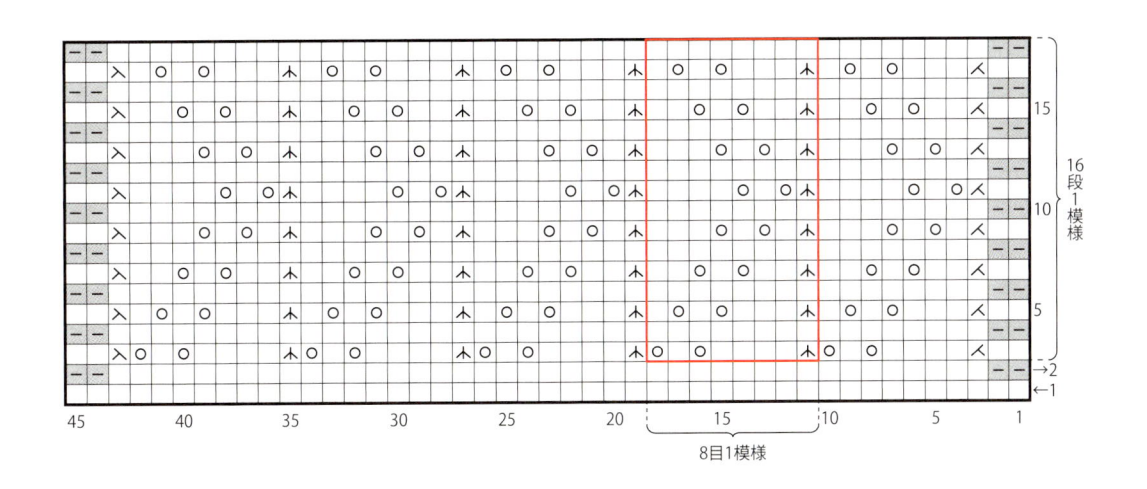

16段1模様

15

10

5

→2
←1

45　　40　　35　　30　　25　　20　　15　　10　　5　　1

8目1模様

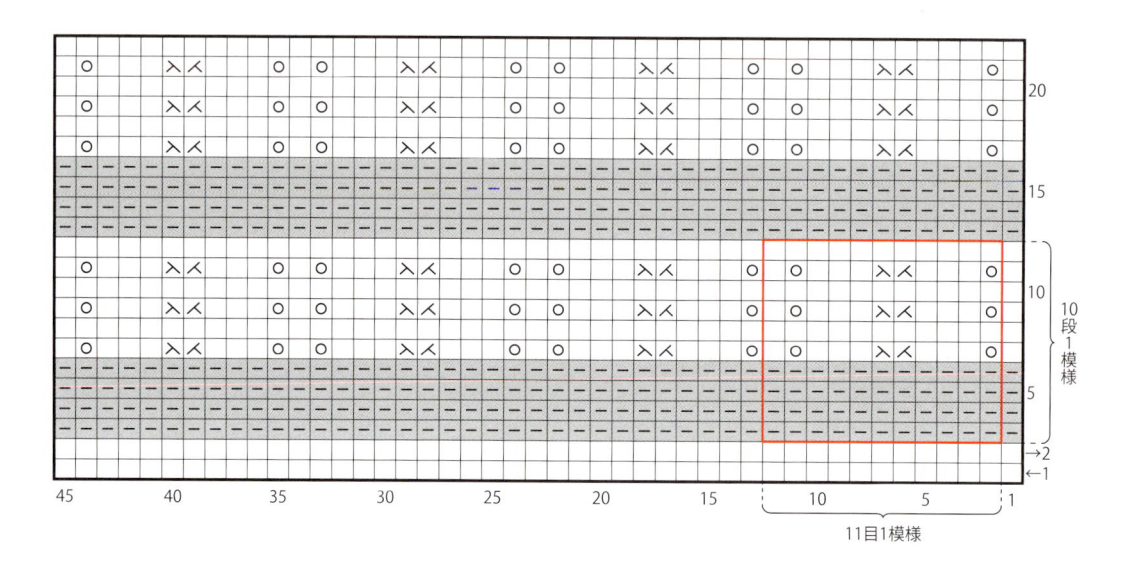

51

col.307

col.305

52

□=目のないところ

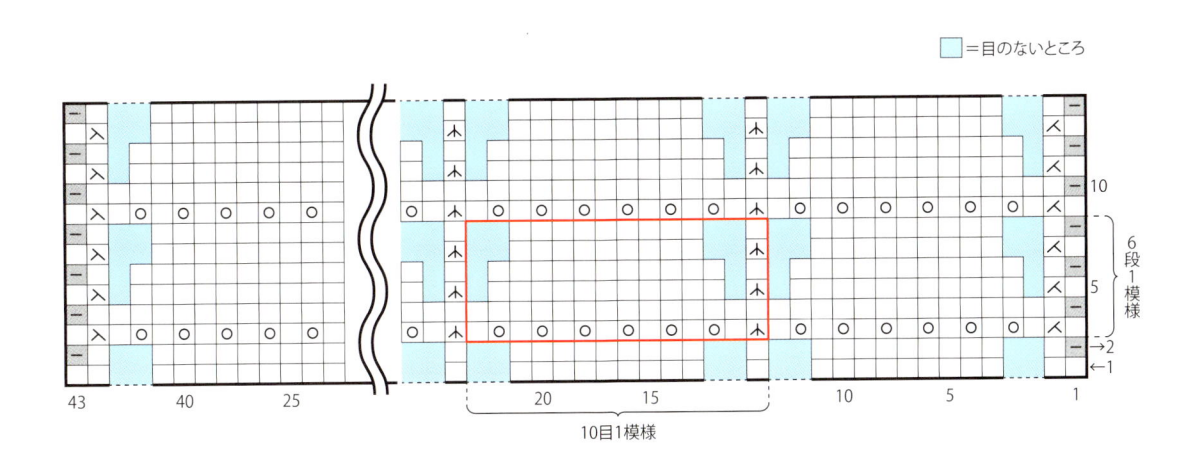

10目1模様

53

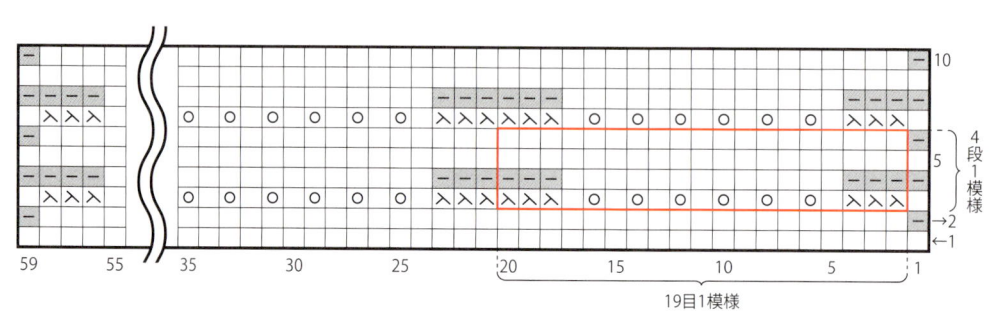

col.304

54

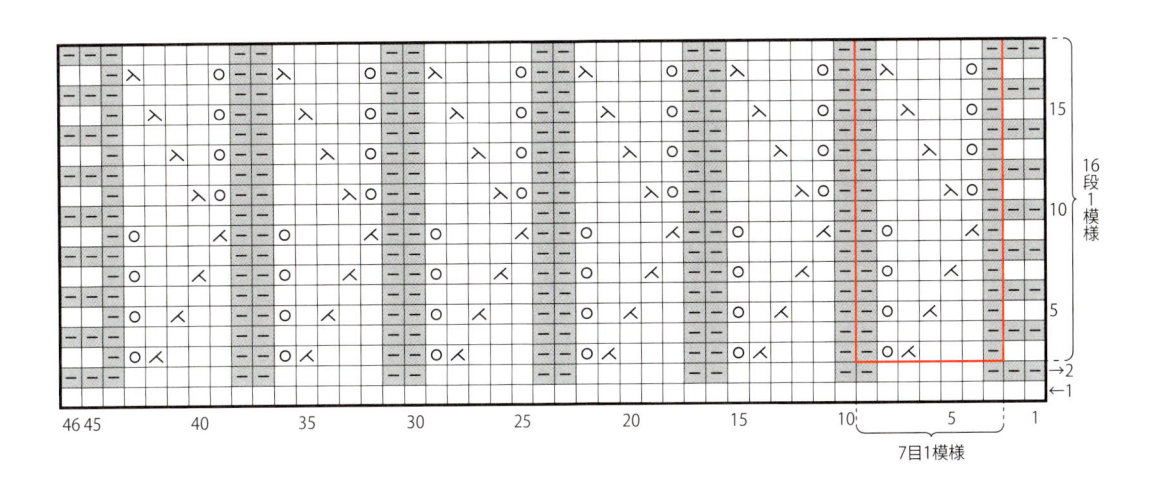

16段1模様

7目1模様

55

col.308

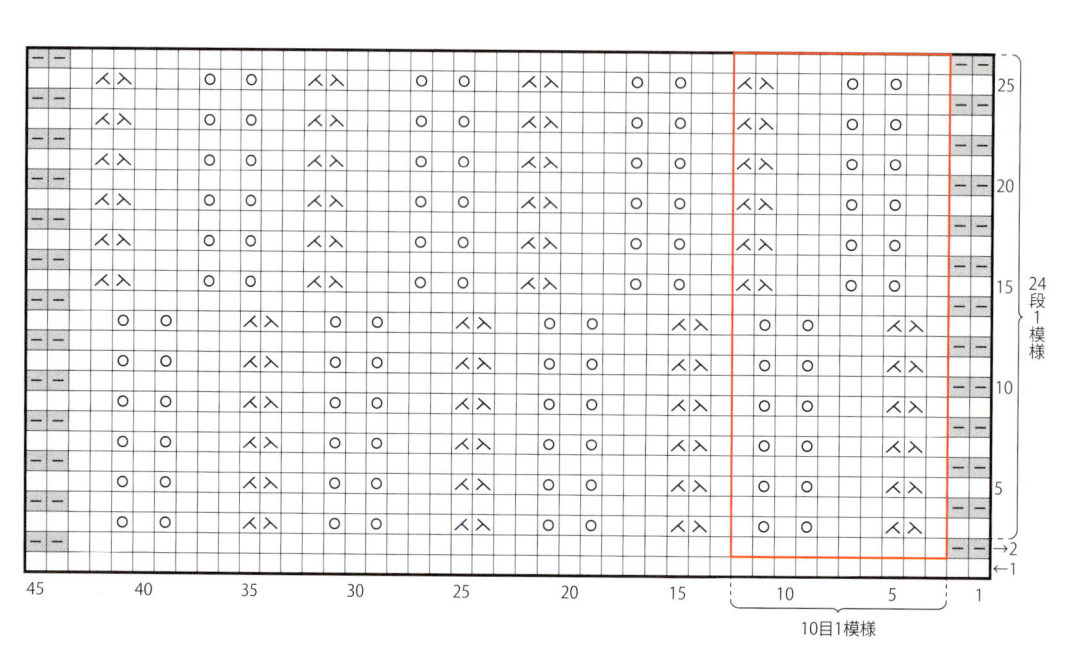

CHAPTER 3

透かし編みの
作品と作り方

透かし編みの作品とその作り方を紹介します。初めてでも編め
るシンプルなものから「クンスト編み」（中心から輪に編む技法）
を取り入れた上級者向けのショールまでさまざま。春～秋向
けのコットン糸を多く使用していますが、糸の種類を変えれば
冬季も使えるアイテムになります。上級者向けの作品は、ケス
トラー氏が解説する動画で編み始めを確認しましょう。

01

Old Shale Shawl
オールドシェイルショール

黄色からピンクの緩やかなグラデーショ
ン糸を使った伝統模様のショール。さっ
と肩にかけるだけできれいなドレープ
が現れ、ずり落ちることもありません。

How to make ⟶ P.108

01

02

Snowdrop Scarf
スノードロップスカーフ

ロングピッチの段染め糸で編んだスカー
フ。さわやかな色味とスノードロップ模
様の組み合わせが、初夏のコーディネー
トを彩ります。

How to make ⟶ P.110

Sierpinski Shawl
シェルピンスキーショール

3色の糸を使い、三角模様を組み合わ
せながら編むベーシックな三角ショール。
3色の色やバランスはお好みで調整し
ましょう。

How to make ⟶ P.112

04

Japanese Feather Shawl
ジャパニーズフェザーショール

ピンクから緑色に変化するグラデーショ
ン糸のロングショール。カジュアルな
ウェーブ模様なので、どんなコーディネー
トにもマッチします。

How to make ⟶ P.114

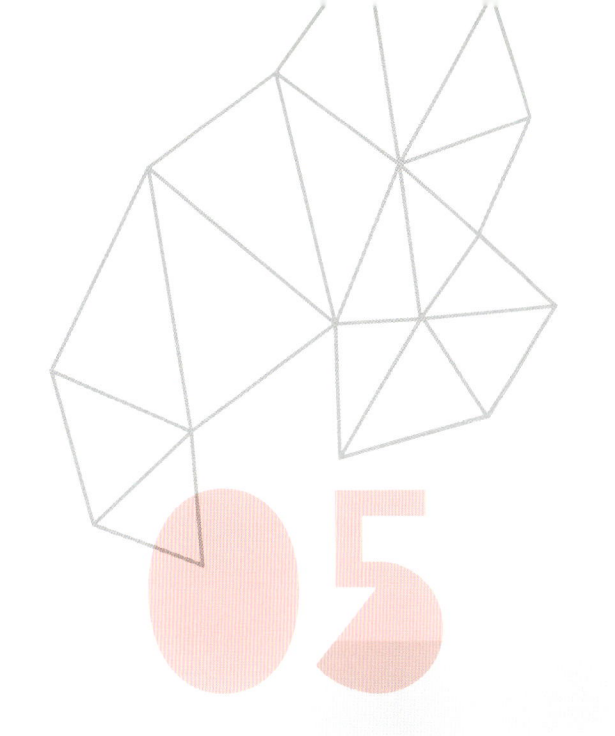

Lacey Scallop Shawl
レーシースカラップショール

スカラップデザインの裾がかわいいロングショール。さりげなく羽織ったり、肌寒いときはマフラーのように巻くこともできます。

How to make ⟶ P.115

06

Peacock Shawl
ピーコックショール

リーフの透かし模様がくじゃくの羽のように見える涼やかなショール。エレガントな色とデザインなので、セミフォーマルなシーンにも。

How to make $\longrightarrow$ P.116

Silent Wave Shawl
サイレントウェーブショール

パッと目を引く色とウェーブ模様が印象的。羽織ったり巻いたり、シーンやコーディネートを選ばず愛用できるサイズ感もポイントです。

How to make ⟶ P.118

Butterfly Shawl 1
バタフライショール1

存在感のある半円型のショール。青か
らオレンジへ変化するグラデーション糸
は、まるでサンライズのような美しさ。

How to make ⟶ P.120

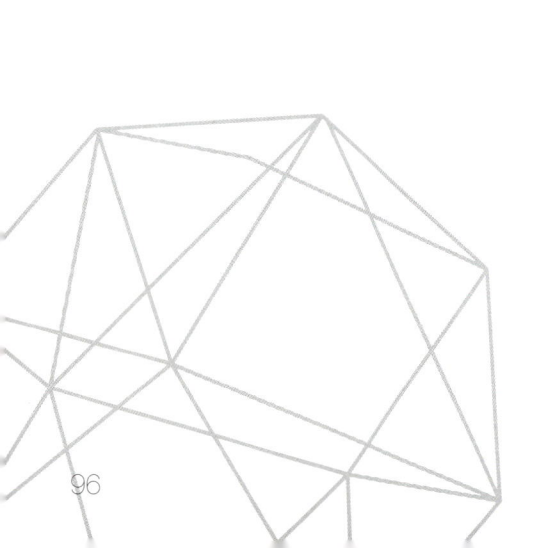

Butterfly Shawl 2
バタフライショール2

●8同様、小さなチョウチョを散りばめたようなデザインのショール。お好みの単色糸を組み合わせてオリジナリティを演出するのもおすすめです。

How to make ⟶ P.122

10

Vine Lace Shawl
ぶどう模様のショール

ぶどうの粒のような小さな穴があいた
デザインがポイント。長方形型なので、
両端をボタンで留めるとマーガレットボ
レロに。

How to make ⟶ P.119

11

Flamed Chevron Shawl
フレームシェブロンショール

炎のような模様の大きめショール。肩から背中をすっぽり包み込み、半分に畳めば膝掛けとしても重宝します。

How to make ⟶ P.124

Mesh Scarf
メッシュスカーフ

表編みと裏編み以外に3つの編み方だけで作れるスカーフ。プレゼントにもおすすめのシンプルなユニセックスデザインが特徴です。

How to make → P.125

12

13

Omene Shawl
オメネショール

ケストラー氏の曽祖母・オメネさんにち
なんで名付けた三角ショール。季節を
問わず使用できるウール糸を使ったア
イテムです。

How to make $\longrightarrow$ P.126

14

Yosefine Snood
ヨセフィネスヌード

13同様、ウール糸を使った冬仕様のスヌード。首からかけたり、肩まですっぽりカバーすることもできるボリューム感です。リバーシブル使いもおすすめ。

How to make ⟶ P.127

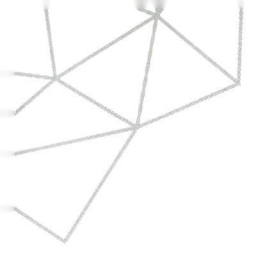

01

Old Shale Shawl
オールドシェイルショール →P.78

[糸] Garnmanufaktur Lola "Kirschblüte" 200g
[針] 短5本針3号、輪針3号
[用 具] 段目リング
[ゲージ] 模様編み 26.5目35段（10cm角）
[出来上がりサイズ] 図参照

作り方

❶ 3号の短5本針2本で作り目3目を作り、14段編みます。

❷ 編み図の一模様を編み図のとおり32回繰り返し、184段まで編みます。途中で目数が多くなったら輪針に変えます。

❸ 編み図のとおり表目と裏目の伏せ止めにします。

＊編み始めはP116の動画（QRコード）を参考にしてください。

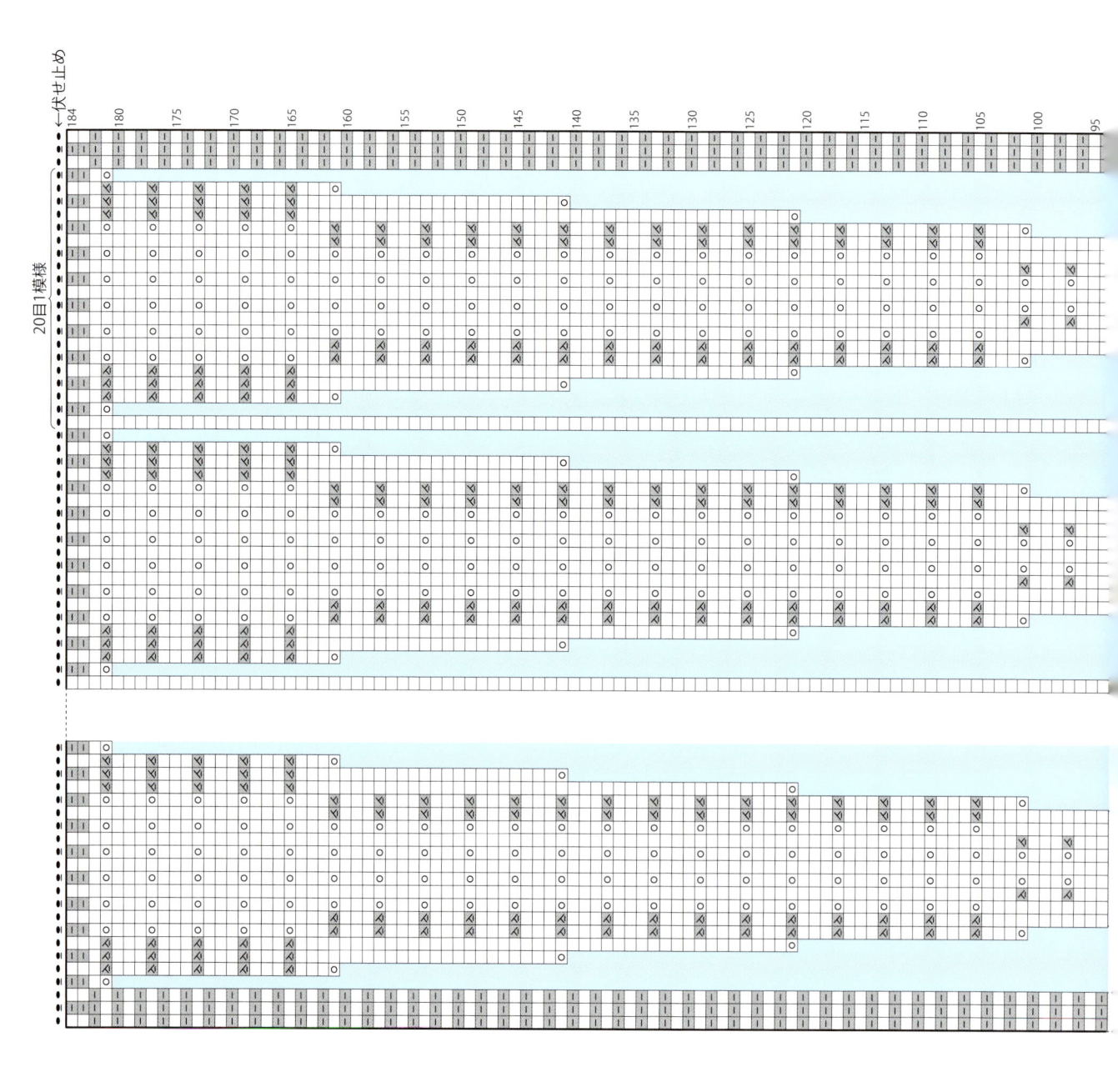

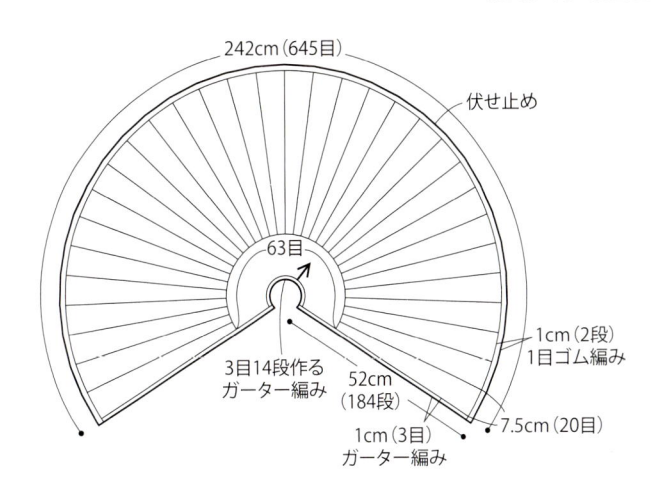

242cm（645目）

伏せ止め

63目

1cm（2段）
1目ゴム編み

3目14段作る
ガーター編み

52cm
（184段）

1cm（3目）
ガーター編み

7.5cm（20目）

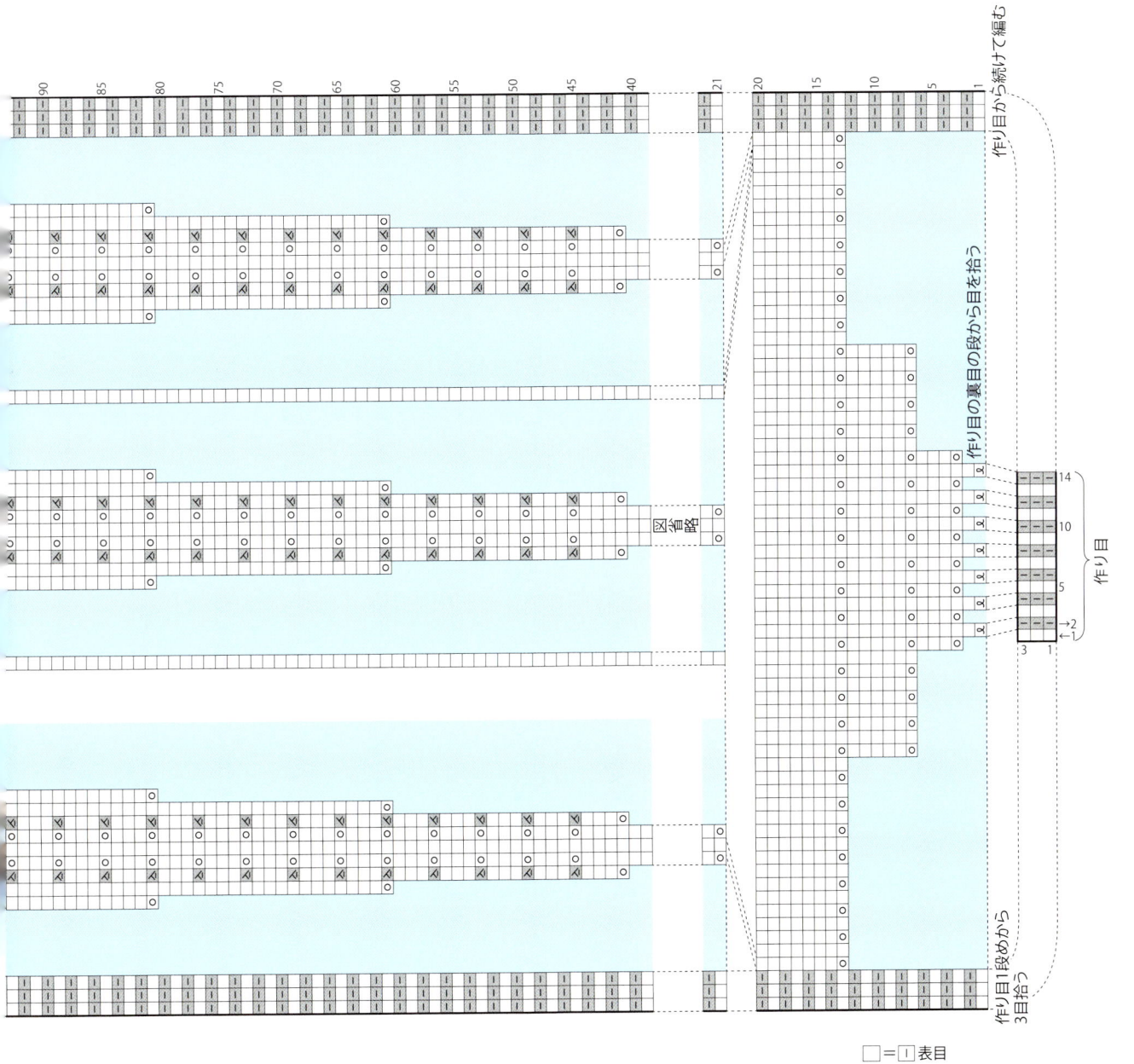

作り目から続けて編む

作り目の段から目を拾う

作り目の裏目の段から目を拾う

編み図略

作り目

14
10
5
→2
←1

3 1

作り目1段めから
3目拾う

作り目1段めから
3目拾う

□＝□表目

＝目のないところ

02 Snowdrop Scarf
スノードロップスカーフ →P.82

[　糸　] Schoppel　ザウバーボールコットン
　　　　Junges Gemuse (2341) 100g
[　針　] 輪針3号
[用　具] 段目リング
[ゲージ] 模様編み 27目30段 (10cm角)
[出来上がりサイズ] 図参照

 **作り方**

❶3号輪針で作り目55目を作ります。

❷6段目までガーター編みで編みます。

❸編み図の赤枠一模様を繰り返し、編み図のとおり470段まで
　編みます。

❹最後の5段分もガーター編みで編みます。

❺表目の伏せ止めにします。

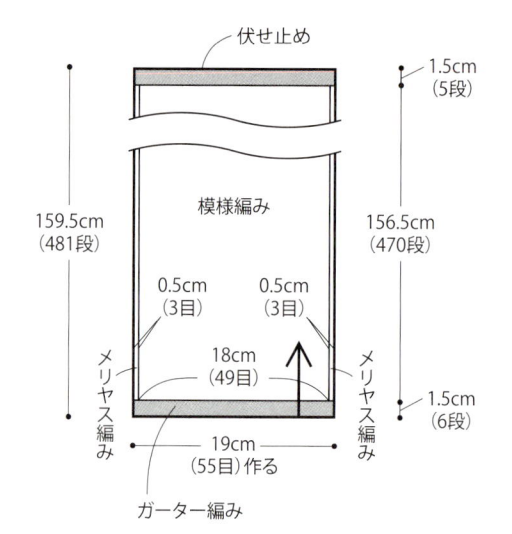

伏せ止め

1.5cm (5段)

模様編み

159.5cm (481段)

156.5cm (470段)

0.5cm (3目)　0.5cm (3目)

18cm (49目)

メリヤス編み　　メリヤス編み

1.5cm (6段)

19cm (55目)作る

ガーター編み

□ = |﹍| 表目

▦ = 目のないところ

⋏ = 右上7目一度
　①6目を表目を編むように針を入れ、
　　編まずに右針に移します。
　②7目めを表目で編みます。
　③編んだ目に右針に移した6目を
　　左針で1目ずつかぶせます。

⋏ = 左上7目一度
　①1目めを表目で編みます。
　②編んだ目を左針に移します。
　③編んだ目に次の6目を右針で
　　1目ずつかぶせます。
　④編んだ目を右針に戻します。

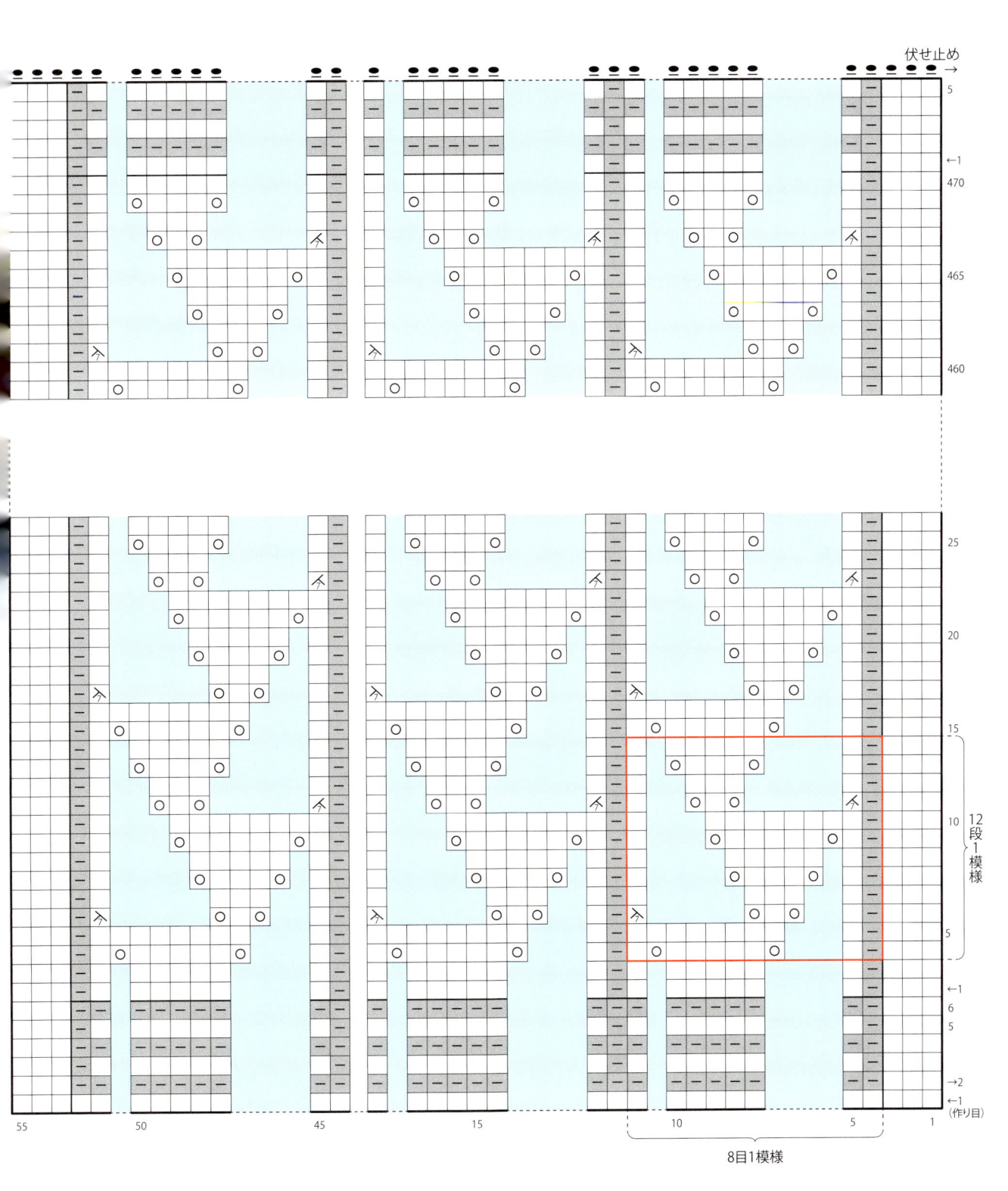

03 Sierpinski Shawl
シェルピンスキーショール →P.84

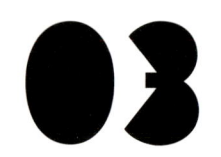

作り方

❶ホワイト糸を使い、3号の短5本針2本で作り目3目を作り、10段編みます。

❷編み図の赤枠一模様を繰り返し、編み図のとおり編みます。111段目からピンク糸に変え、157段でボルドー糸に変え、188段目まで編みます。途中で目数が多くなったら輪針に変えます。

❸編み図のとおり表目と裏目の伏せ止めにします。

[糸] saredo リサイクルドコットン100
ANTIQUE WHITE、LIGHT SALMON、
DEEP BORDEAUX 各200g

[針] 短5本針3号、輪針4号(100m)

[用 具] 段目リング

[ゲージ] 模様編み 22.5目35段(10cm角)

[出来上がりサイズ] 図参照

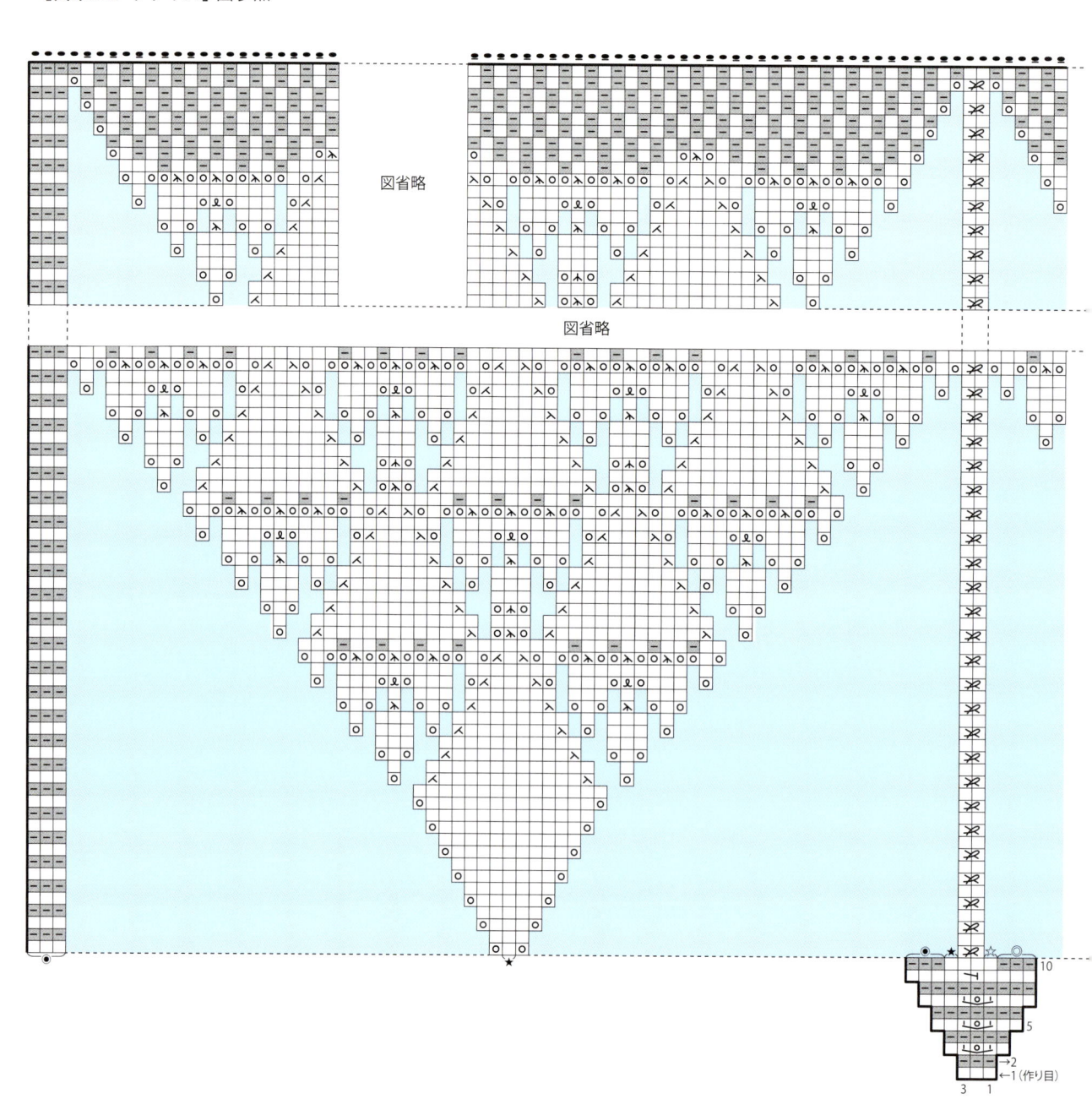

図省略

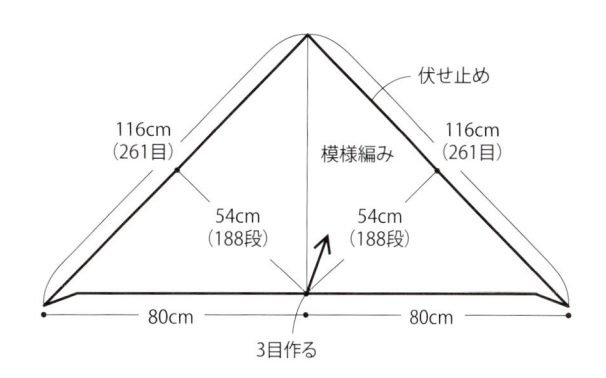

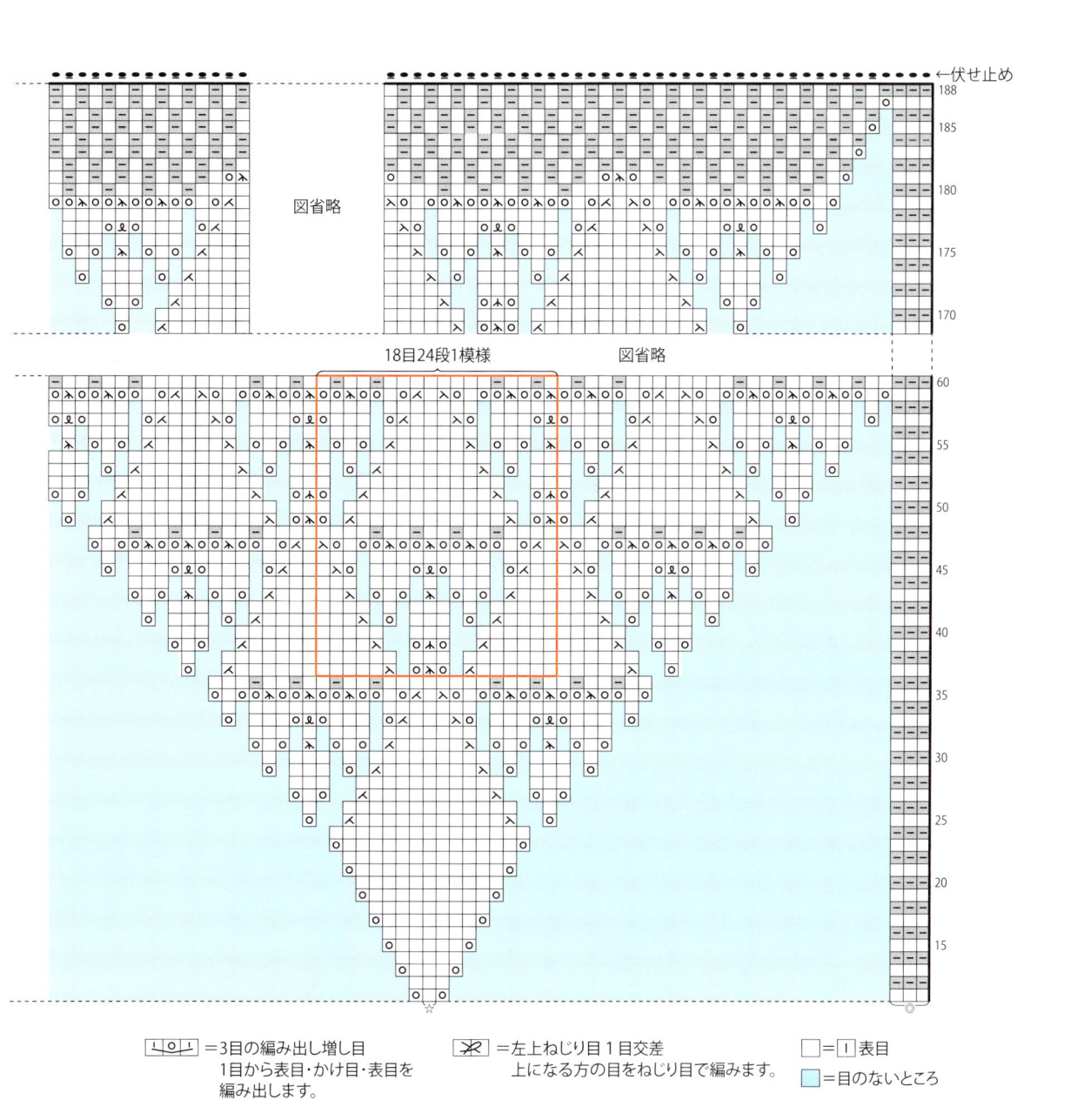

=3目の編み出し増し目
　1目から表目・かけ目・表目を
　編み出します。

=左上ねじり目1目交差
　上になる方の目をねじり目で編みます。

=表目

=目のないところ

04 Japanese Feather Shawl
ジャパニーズフェザーショール →P.86

 **作り方**

[糸] Wooly Hugs　ボッベルコットン(17) 200g
[針] 輪針3号
[用　具] 段目リング
[ゲージ] 模様編み 26目32段(10cm角)
[出来上がりサイズ] 図参照

❶3号輪針で作り目95目を作ります。

❷5段目までガーター編みで編みます。

❸編み図の赤枠一模様を繰り返し、編み図のとおり457段まで編みます。

❹最後の4段分もガーター編みで編みます。

❺表目の伏せ止めにします。

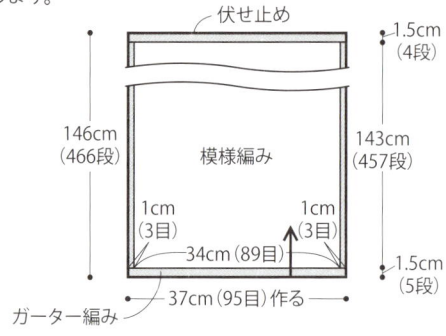

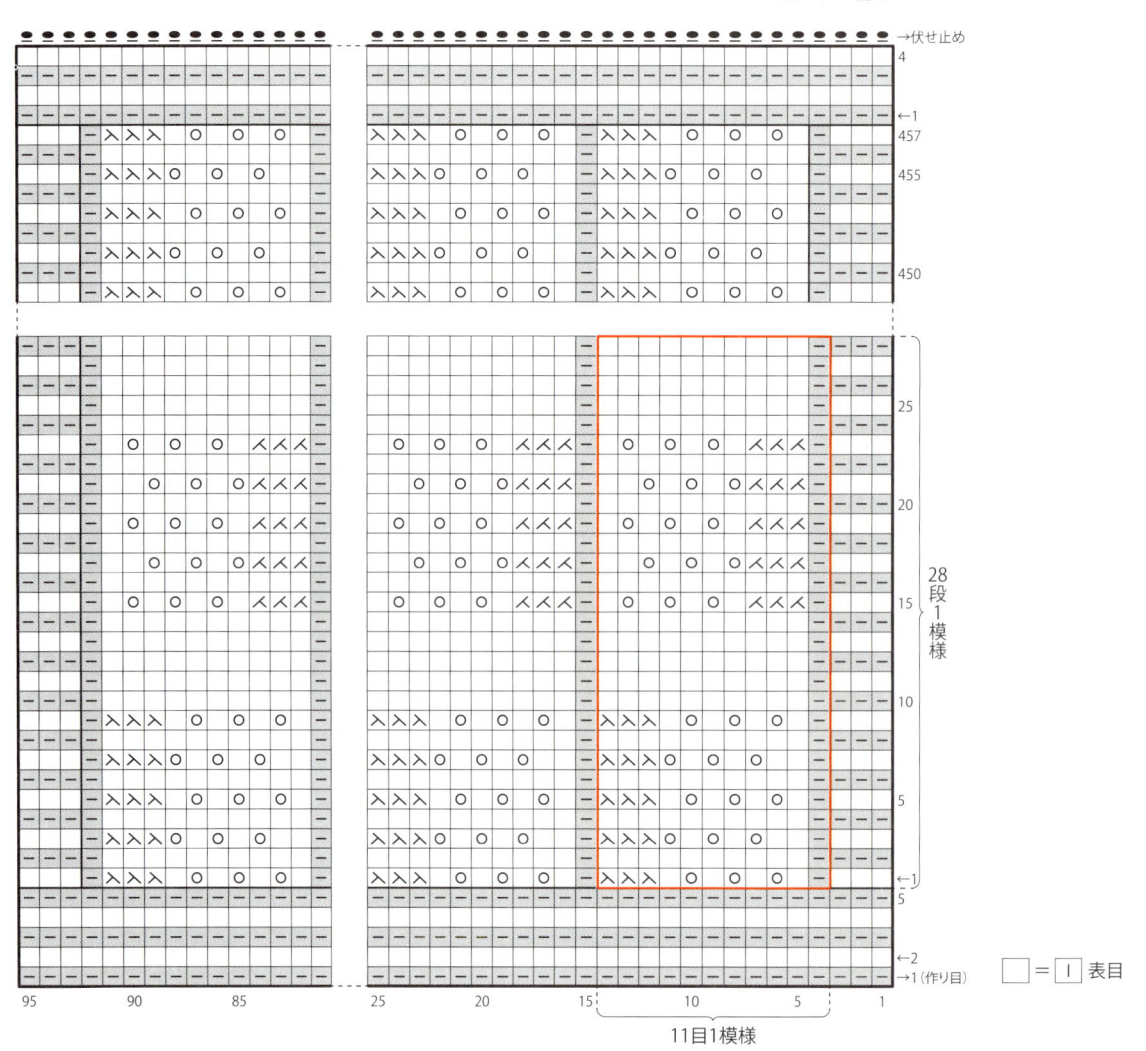

□ = | 表目

05 Lacey Scallop Shawl
レーシースカラップショール →P.88

 作り方

[糸] Wooly Hugs　ボッベルコットン(31) 200g
[針] 輪針4号
[用 具] 段目リング
[ゲージ] 模様編み 32目34段(10cm角)
[出来上がりサイズ] 図参照

❶4号輪針で作り目108目を作ります。

❷5段目までガーター編みで編みます。

❸編み図の赤枠一模様を繰り返し、編み図のとおり490段まで編みます。

❹表目の伏せ止めにします。

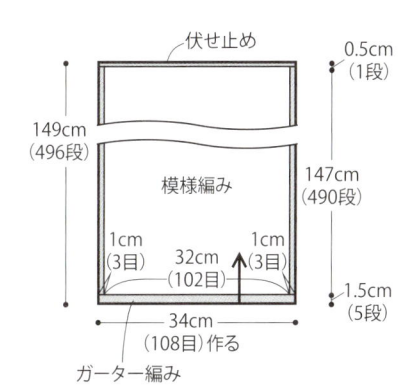

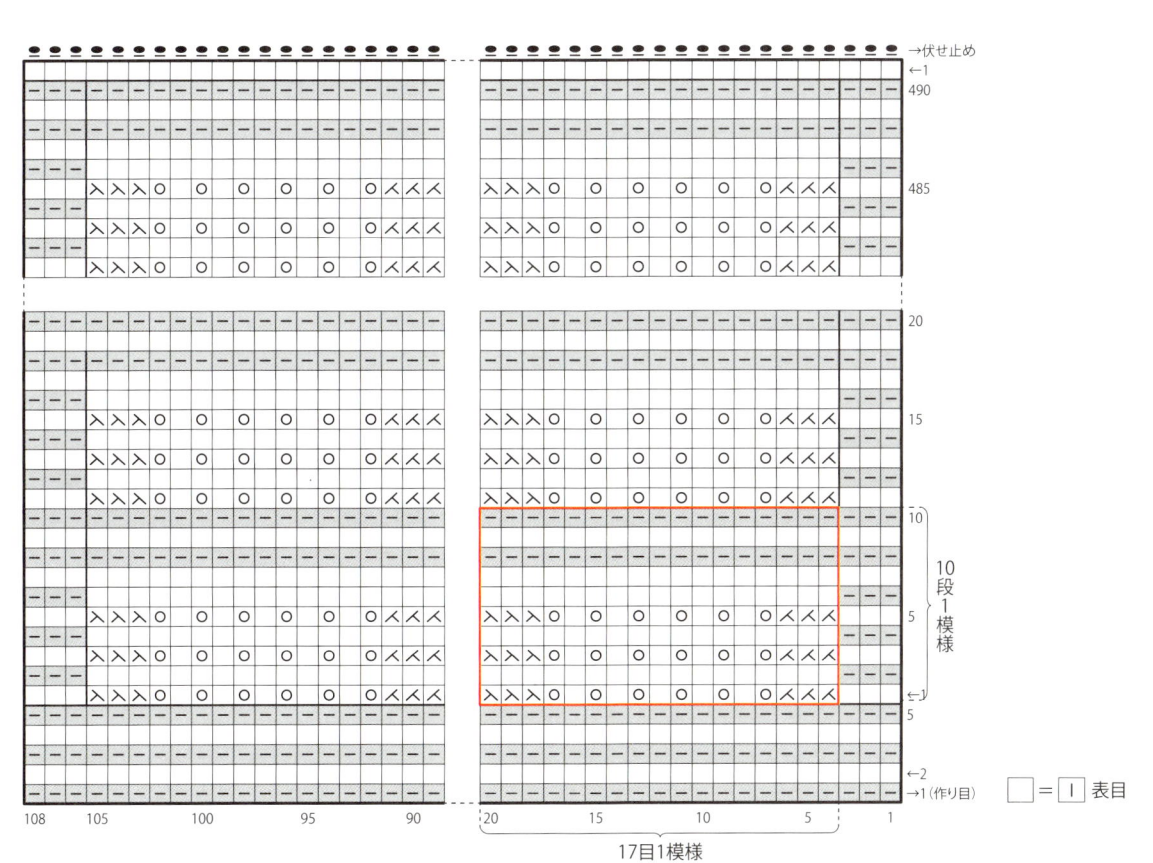

□ = | 表目

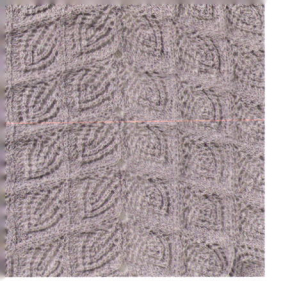

06

Peacock Shawl
ピーコックショール →P.90

編み始めを
チェック！

[　糸　] saredo りりり -re-specked cotton-S51 MURAFUJI 230g
[　針　] 短5本針3号、輪針4号 (100m)
[用　具] 段目リング　　[ゲージ] 模様編み 27目35段 (10cm角)
[出来上がりサイズ] 図参照

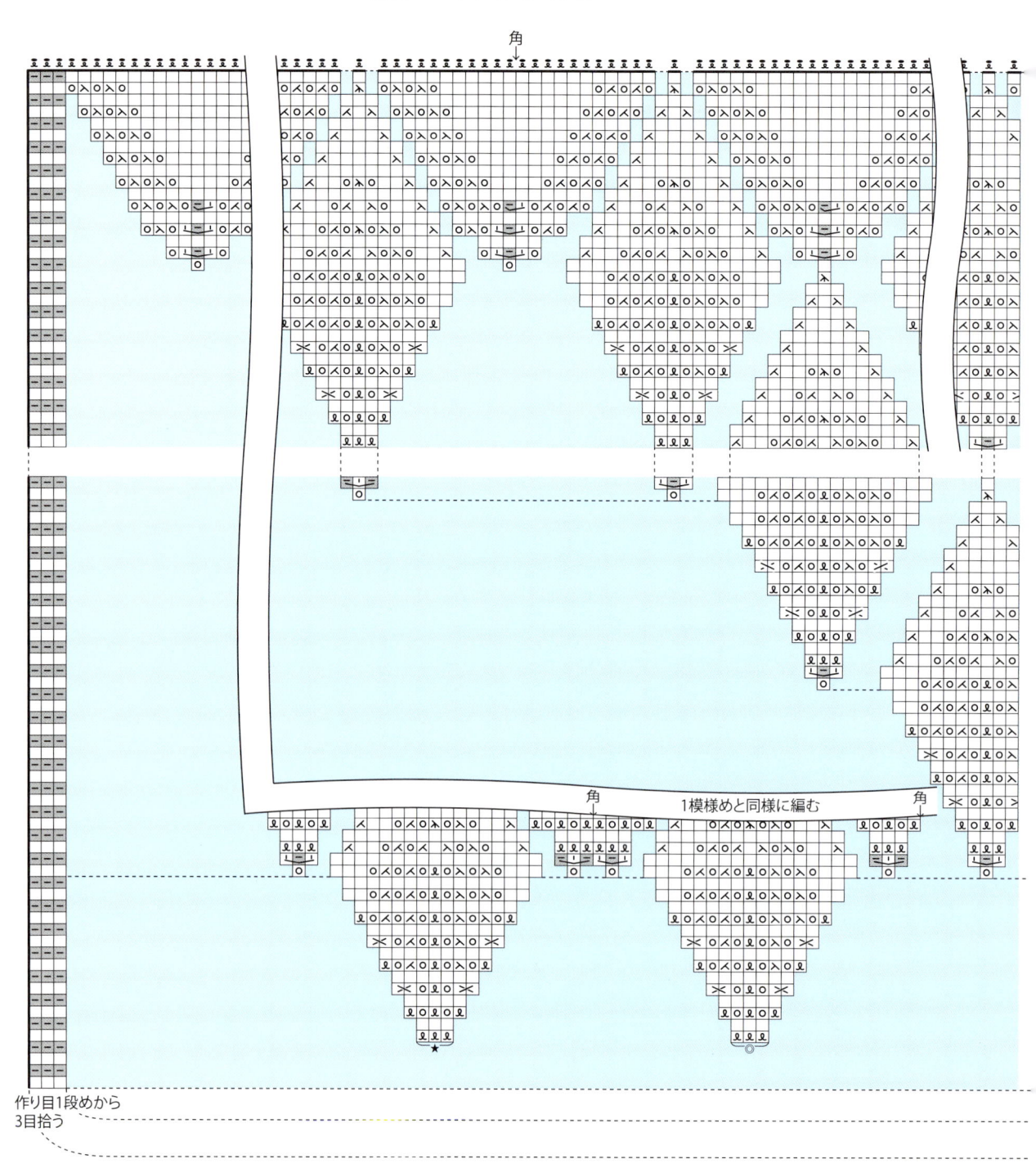

作り目1段めから
3目拾う

作り方

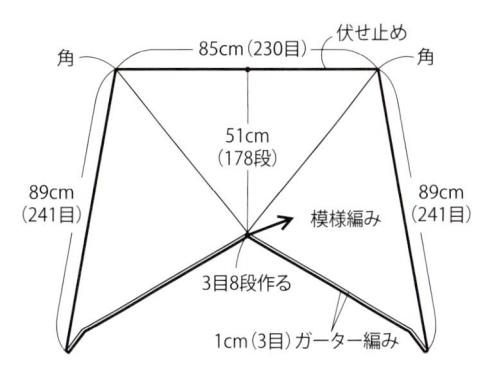

❶3号の短5本針2本で作り目3目を作り、8段編みます。

❷編み図のとおり178段編みます。途中で目数が多くなったら輪針に変えます。

❸ねじり目の伏せ止めにします。

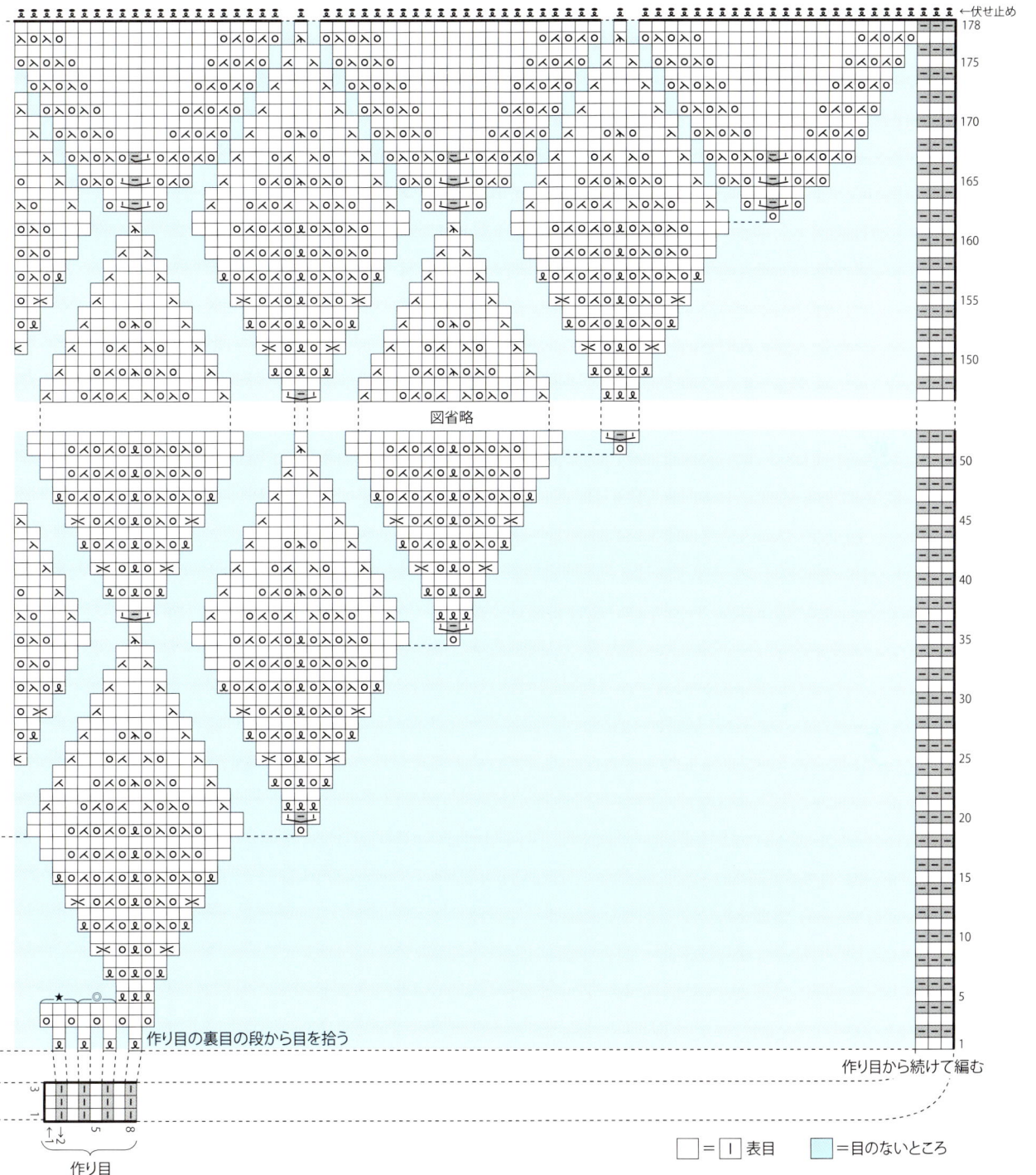

図省略

作り目の裏目の段から目を拾う

作り目から続けて編む

作り目

☐ = │ 表目　　☐ = 目のないところ

07 Silent Wave Shawl
サイレントウェーブショール →P.92

 作り方

- ❶4号輪針で作り目115目を作ります。
- ❷10段目まで青枠の模様編みを編みます。
- ❸続けて赤枠一模様を繰り返し、編み図のとおり326段編みます。
- ❹最後の10段分も青枠の模様編みを編みます。
- ❺表目の伏せ止めにします。

[糸] saredo リサイクルドコットン100
　　　　SIGNAL RED 180g

[針] 輪針4号

[用 具] 段目リング

[ゲージ] 模様編み 23目35.5段(10cm角)

[出来上がりサイズ] 図参照

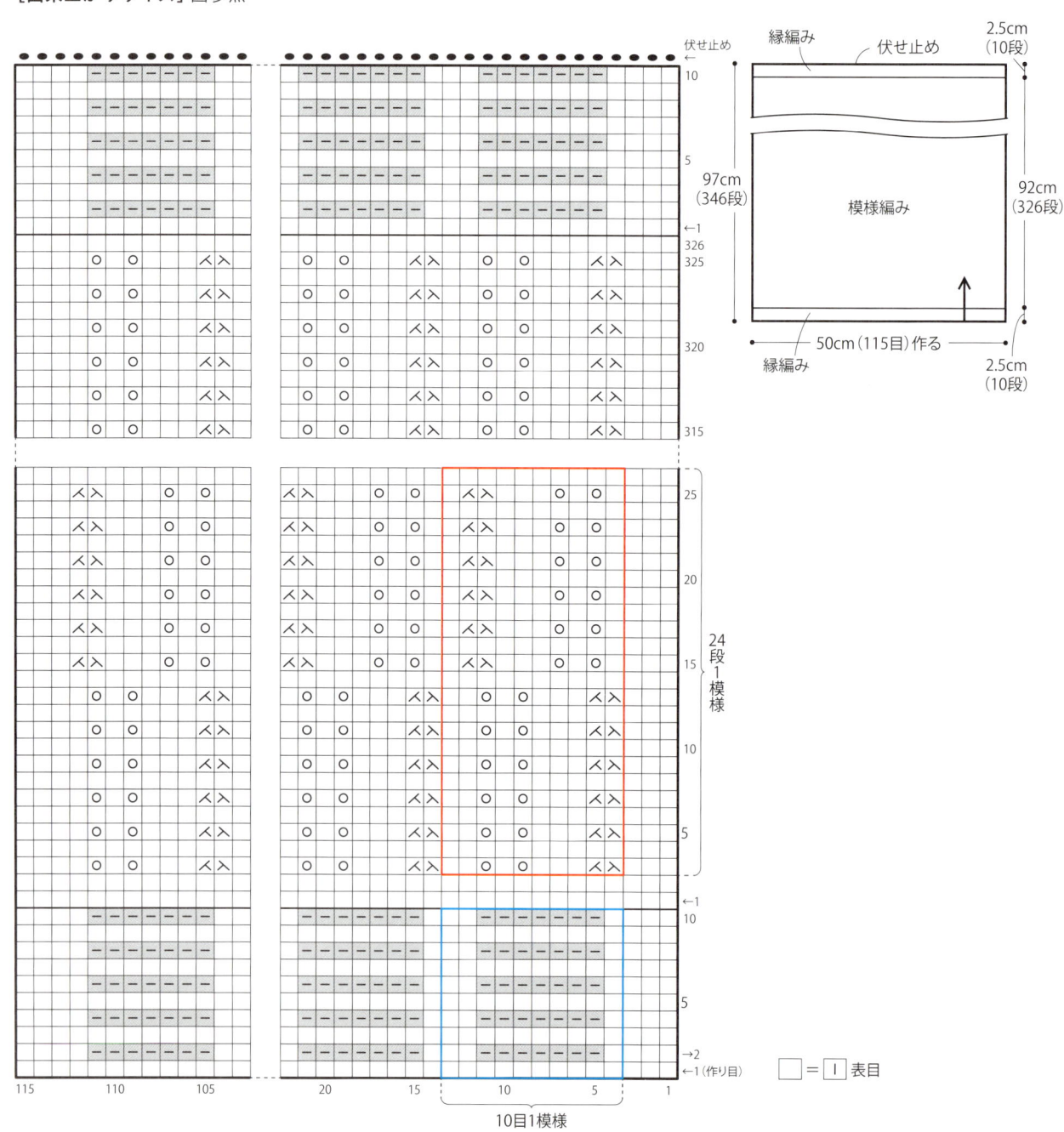

118

10 Vine Lace Shawl
ぶどう模様のショール→P.98

[糸] saredo リサイクルドコットン100
　　　　DEEP SEA 230g

[針] 輪針4号

[用 具] 段目リング

[ゲージ] 模様編み 25目27.5段（10cm角）

[出来上がりサイズ] 図参照

＊マーガレットボレロにする場合は、直径約15mm程度
　のボタンを用意。お好みの位置のかけ目の穴をボタ
　ン穴として利用しましょう。

作り方

❶4号輪針で作り目145目を作ります。

❷6段目までガーター編みで編みます。

❸編み図の赤枠一模様を繰り返し、編み図のとおり316段まで編みます。

❹最後の6段分もガーター編みで編みます。

❺表目の伏せ止めにします。

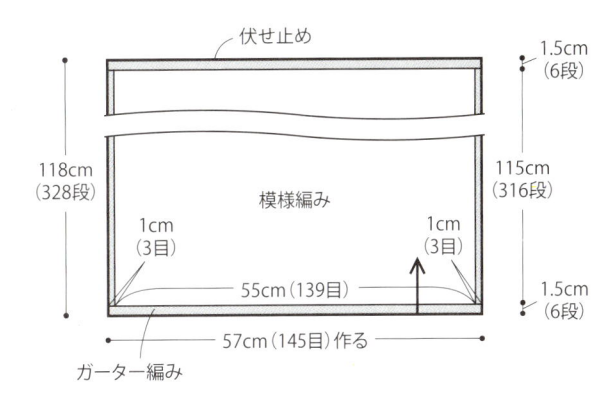

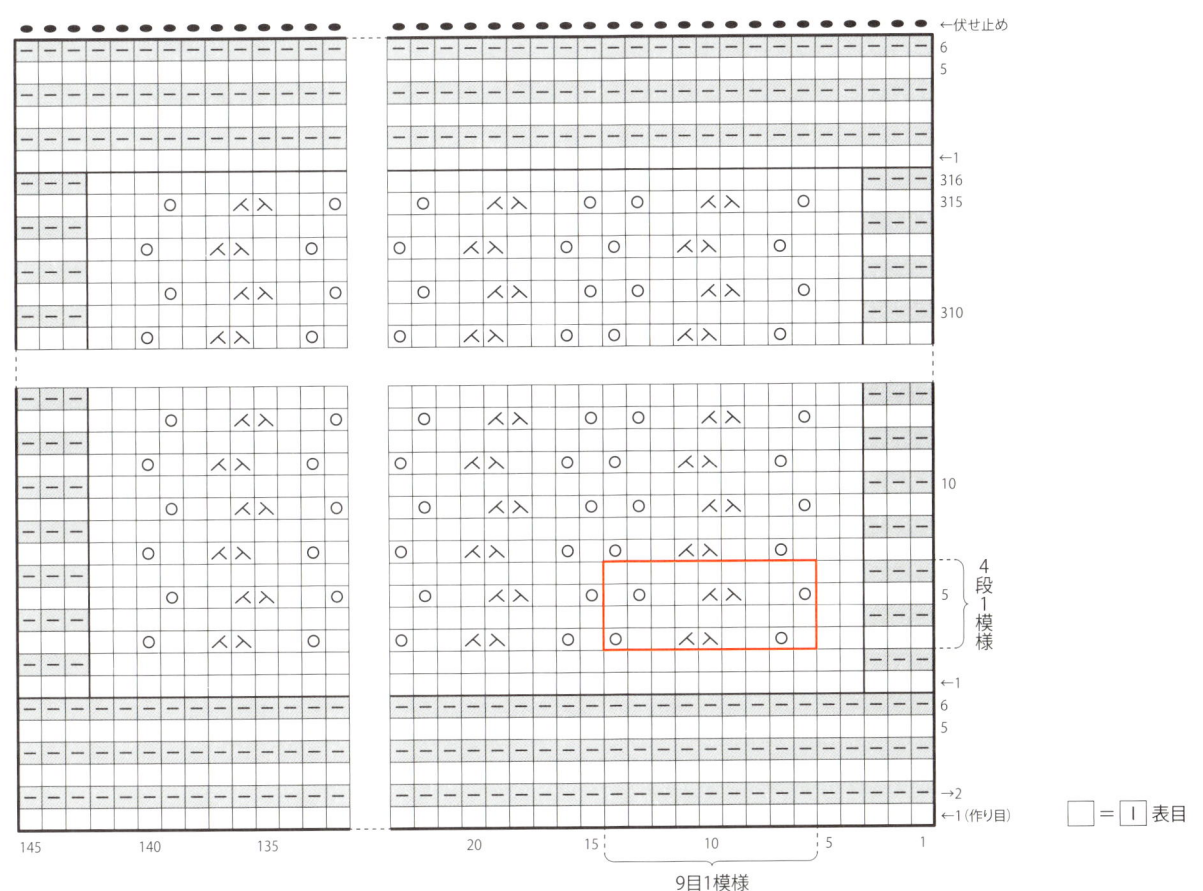

08 Butterfly Shawl 1
バタフライショール 1 → P.94

[糸] Garnmanufaktur Lola Charms Farbverlauf "Sommernacht" 10x25g

[針] 短5本針3号、輪針3号　[用 具] 段目リング

[ゲージ] 模様編みA 26目30段（10cm角）

[出来上がりサイズ] 図参照

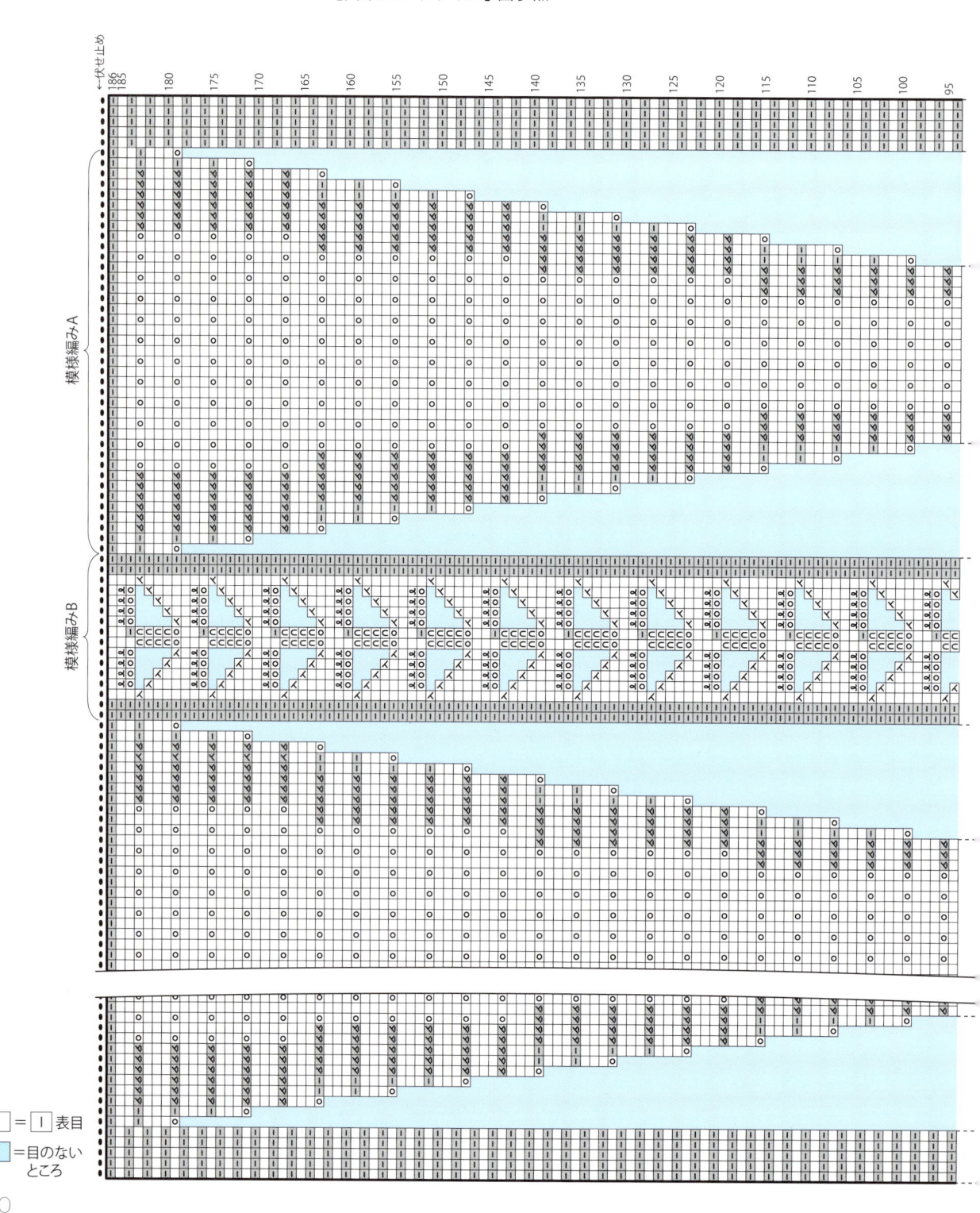

□ = | 表目

□ = 目のない ところ

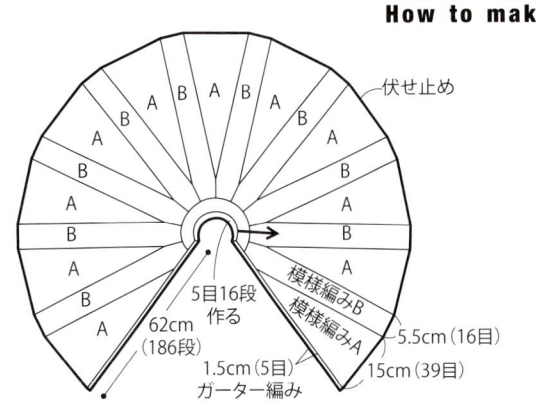

作り方

❶3号の短5本針2本で作り目5目を作り、16段編みます。

❷模様編みAと模様編みBを21回繰り返し、186段まで編みます。途中で目数が多くなったら輪針に変えます。

❸表目の伏せ止めにします。

＊編み始めはP116の動画（QRコード）を参考にしてください。

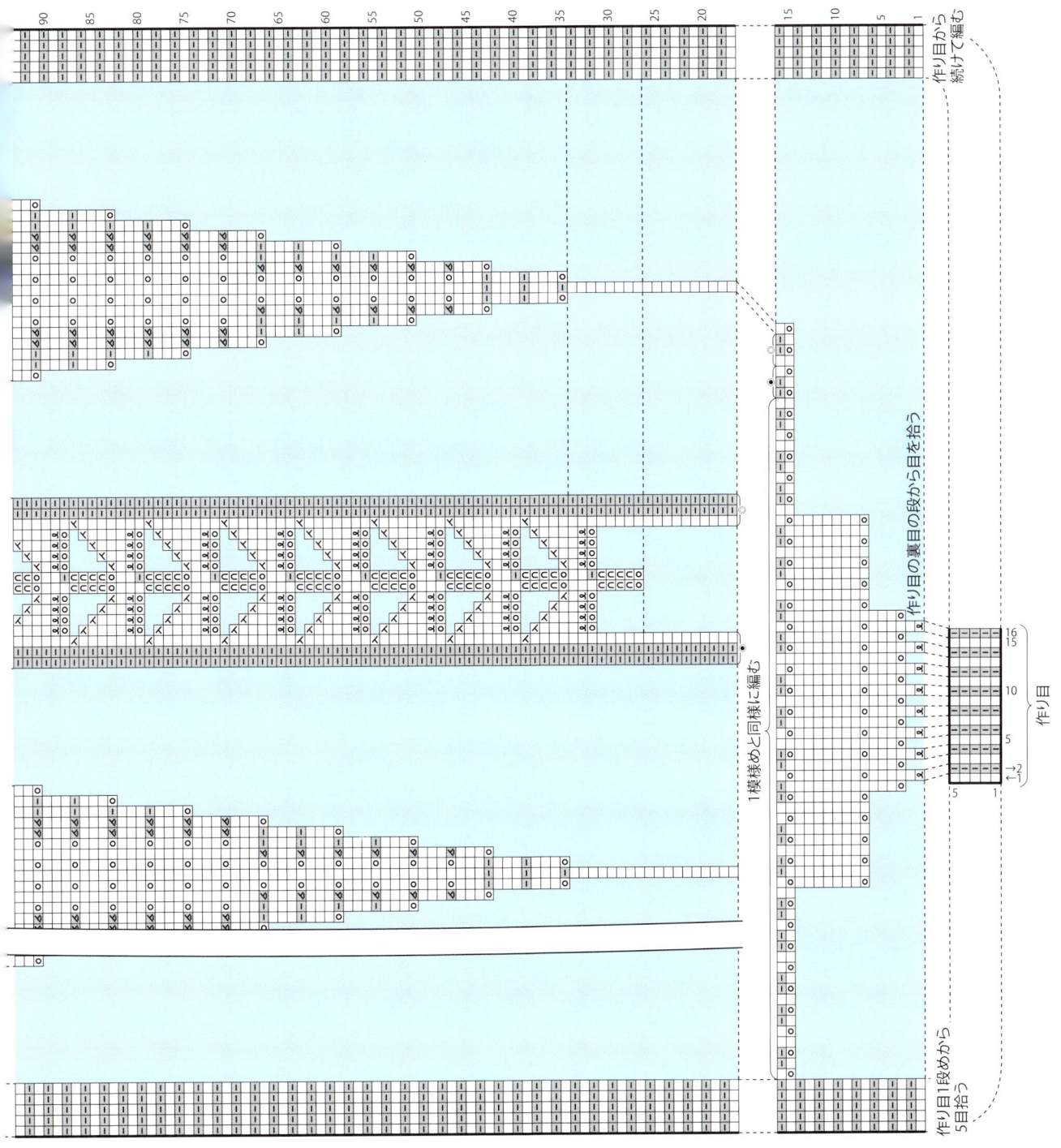

Butterfly Shawl 2
バタフライショール2 → P.96

[　糸　] saredo りりり -RECYCLED COTTON100-
ANTIQUE WHITE
わたかみりりり WL30ミソラ 各140g
[　針　] 短5本針3号、輪針3号
[用　具] 段目リング
[ゲージ] 模様編みA 29.5目31段(10cm角)
[出来上がりサイズ] 図参照

❶3号の短5本針2本で作り目3目を作り、12段編みます。

❷模様編みAと模様編みBを13回繰り返し、89段まで
ホワイト糸で、90から133段までブルー糸で編みます。
目数が多くなったら輪針に変えます。

❸表目の伏せ止めにします。

＊編み始めはP116の動画(QRコード)を参考にして
ください。

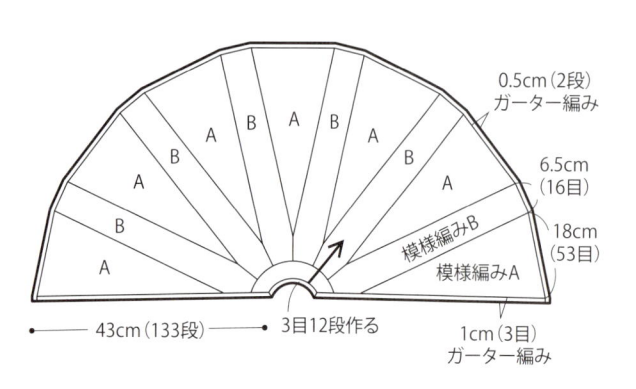

0.5cm(2段)
ガーター編み

6.5cm(16目)

18cm(53目)

模様編みB
模様編みA

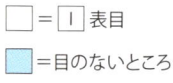

43cm(133段) — 3目12段作る

1cm(3目)
ガーター編み

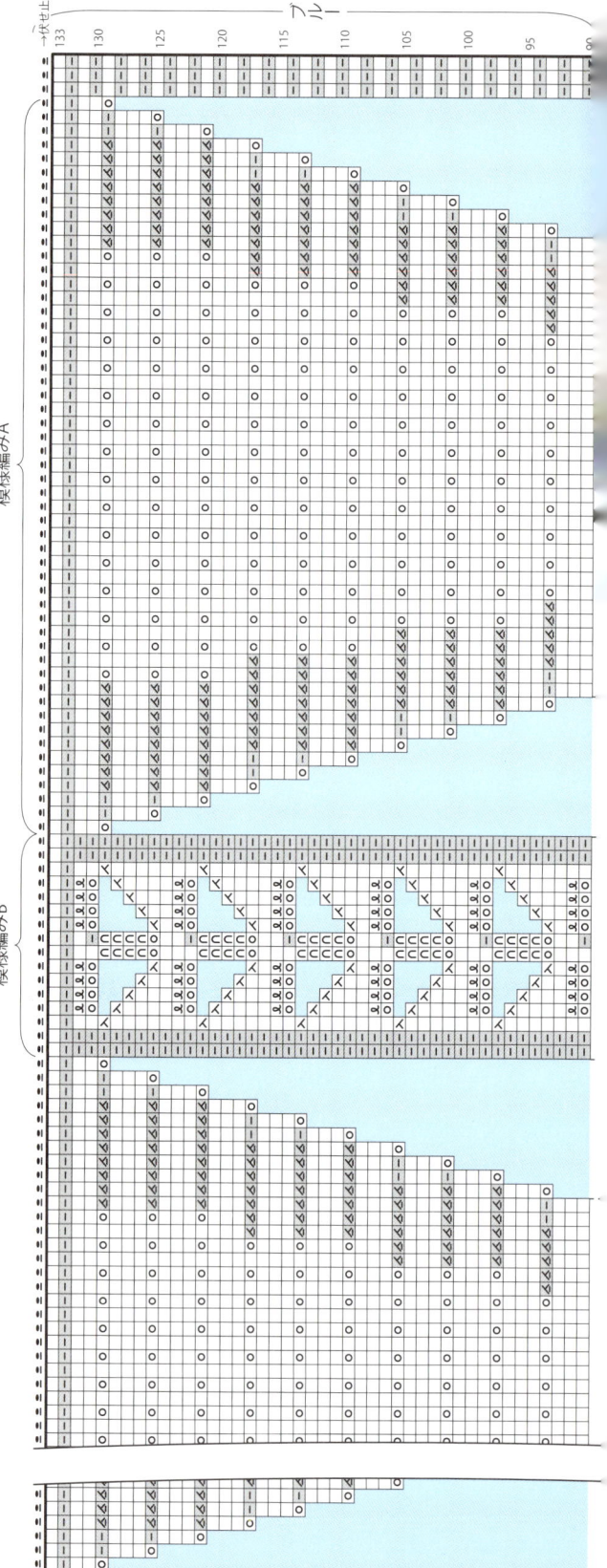

□ = |　表目

□ = 目のないところ

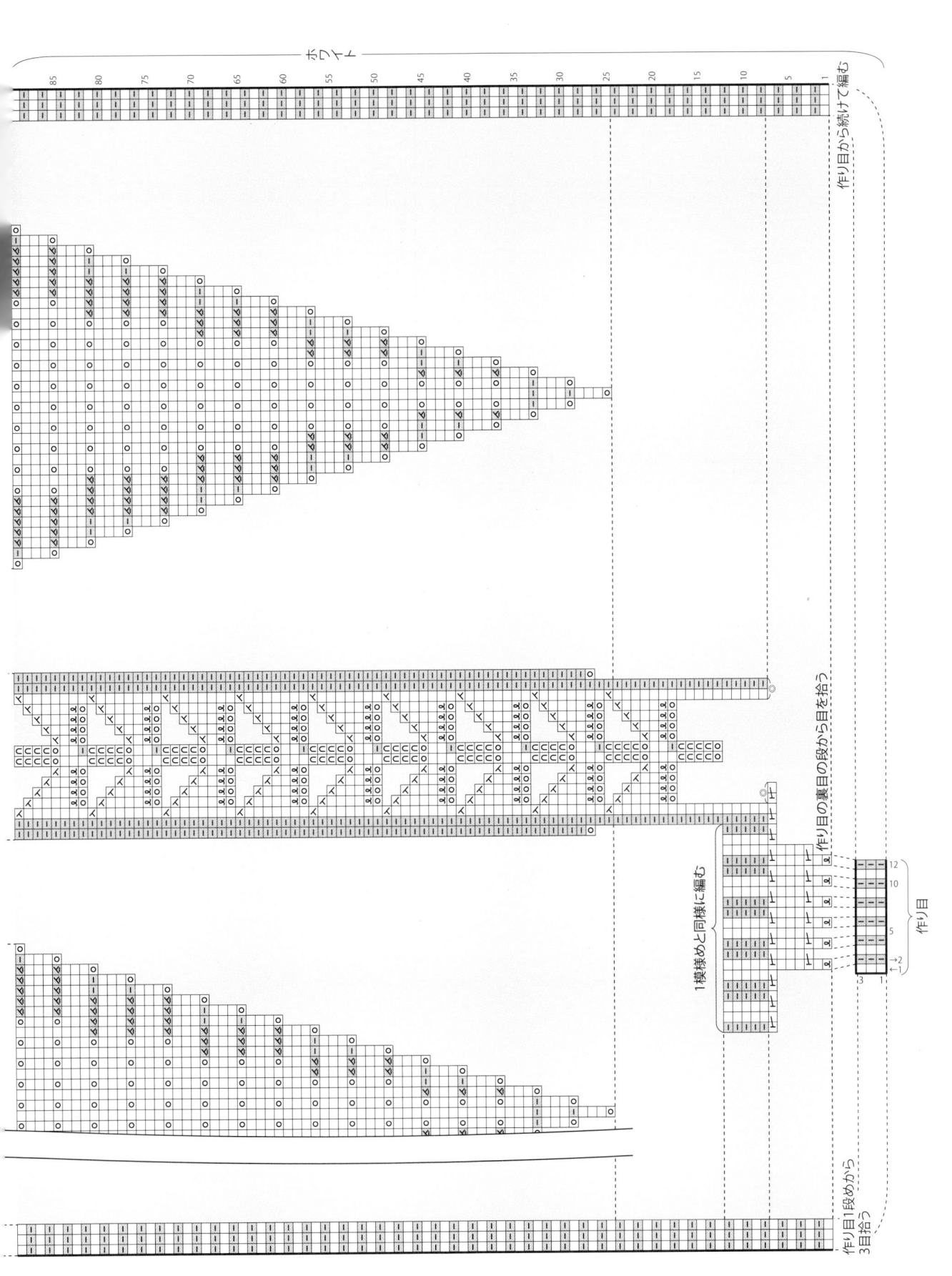

11 Flamed Chevron Shawl
フレームシェブロンショール →P.100

 作り方

[糸] saredo リサイクルドコットン100 ササヤマロン 220g
[針] 輪針4号
[用 具] 段目リング
[ゲージ] 模様編み 20.5目×32段(10cm角)
[出来上がりサイズ] 図参照

❶4号輪針で作り目101目を作ります。

❷5段目までガーター編みで編みます。

❸編み図の赤枠一模様を繰り返し、506段まで編みます。

❹最後の5段分もガーター編みで編みます。

❺表目の伏せ止めにします。

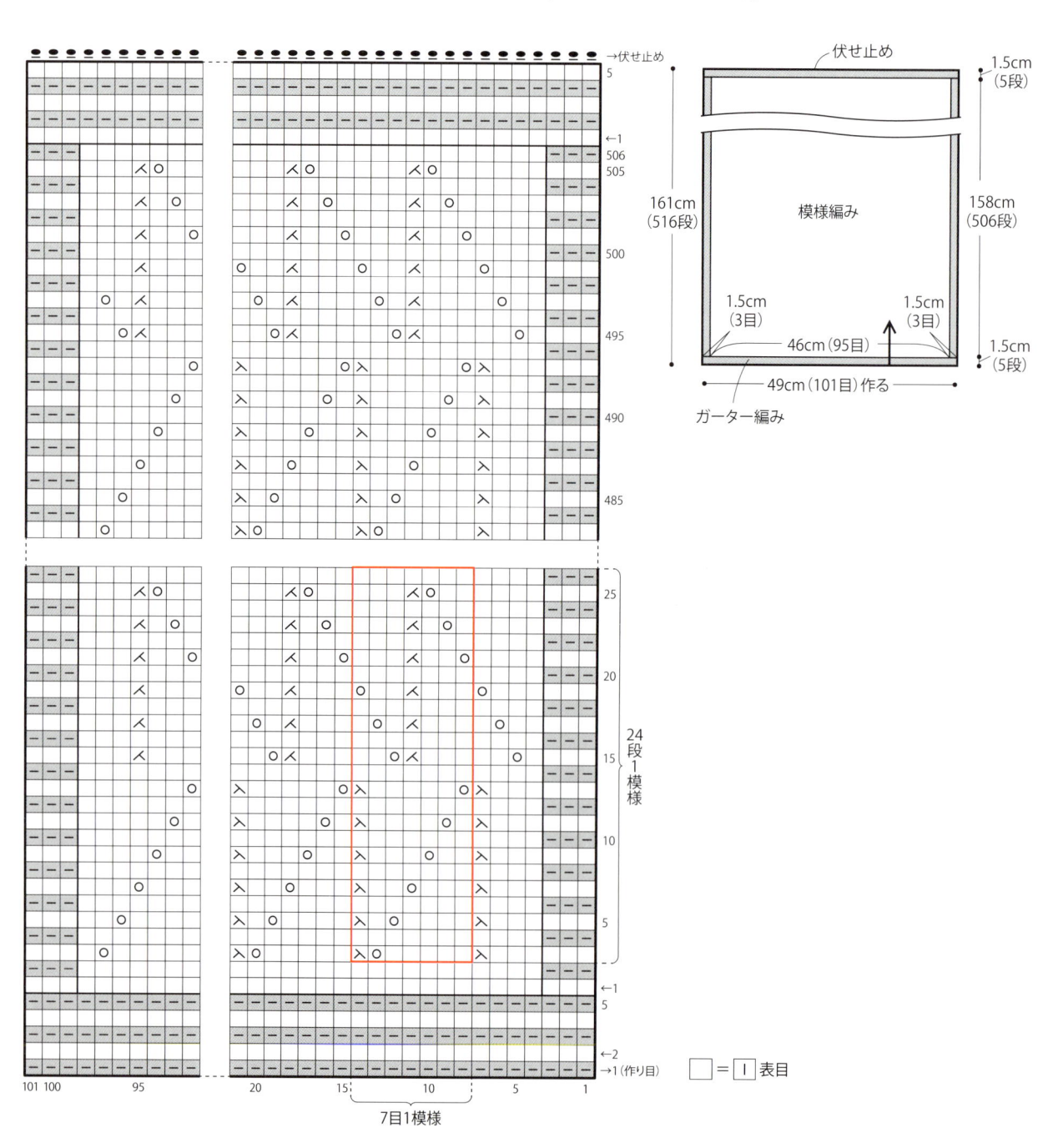

□ = | 表目

12 Mesh Scarf
メッシュスカーフ →P.102

[糸] saredo りりり-RECYCLED COTTON100-
DEEP SPA 100g

[針] 輪針3号

[用 具] 段目リング

[ゲージ] 模様編み 22.5目29段(10cm角)

[出来上がりサイズ] 図参照

❶3号輪針で作り目51目を作ります。

❷6段目までガーター編みで編みます。

❸編み図の赤枠一模様を繰り返し、編み図のとおり354段まで編みます。

❹最後の6段分もガーター編みで編みます。

❺表目の伏せ止めにします。

伏せ止め

125cm
(366段)

122cm
(354段)

模様編み

1.5cm
(6段)

1.5
cm
(3
目)

1.5
cm
(3
目)

1.5
cm
(3
目)

1.5cm
(6段)

20cm
(45目)

ガーター編み

23cm
(51目)作る

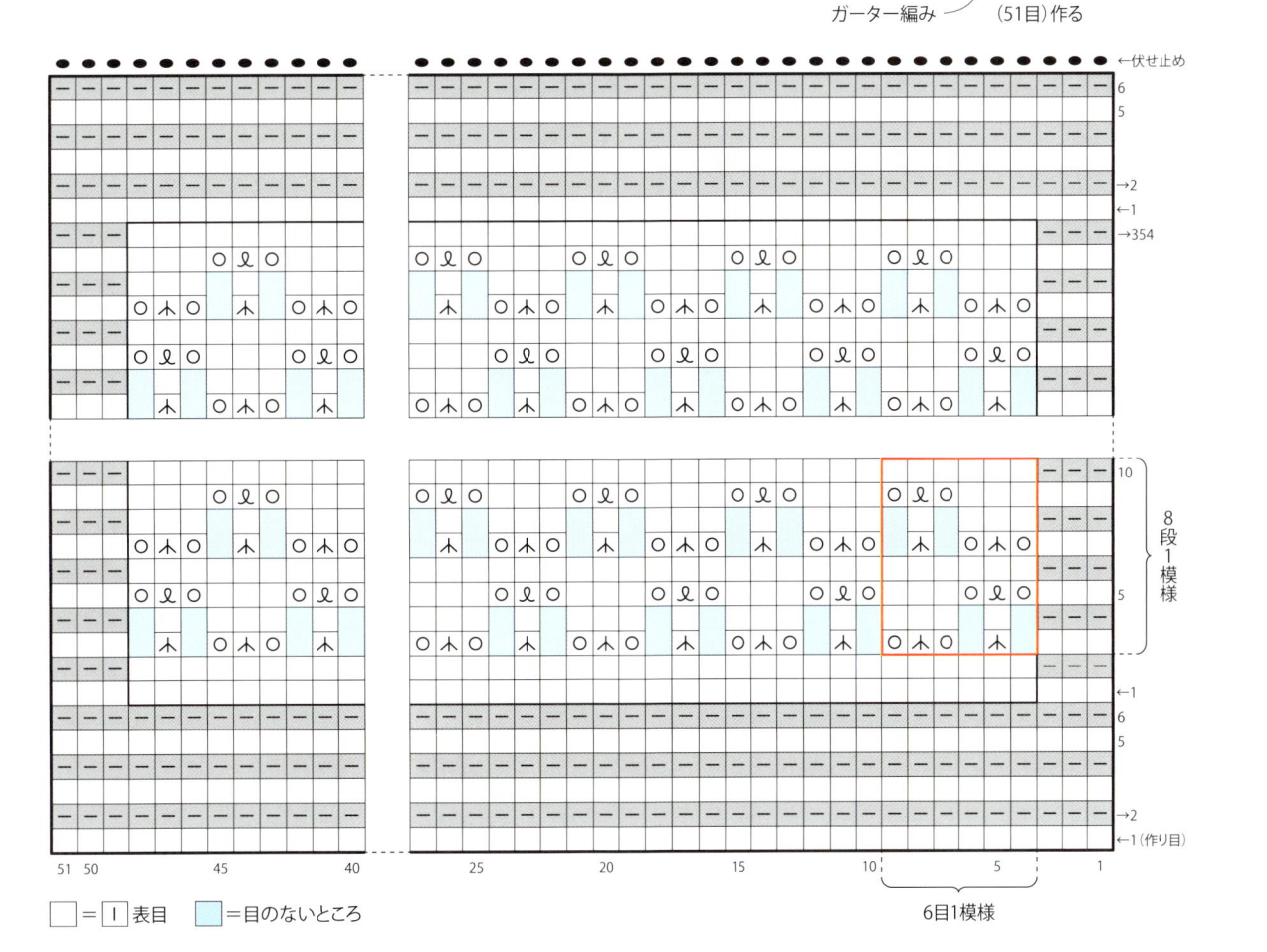

□=| 表目 ▨=目のないところ

6目1模様

13

Omene Shawl
オメネショール →P.104

[糸] ヤナギヤーン Bloom（ベルンド・スケトラーコラボ）
　　　　ミントグリーン（10）150g

[針] 輪針7号

[用 具] 段目リング

[ゲージ] 模様編み 16.5目34段（10cm角）

[出来上がりサイズ] 図参照

作り方

❶7号輪針で作り目2目を作ります。

❷編み図のとおり191段まで編みます。

❸表目の伏せ止めにします。

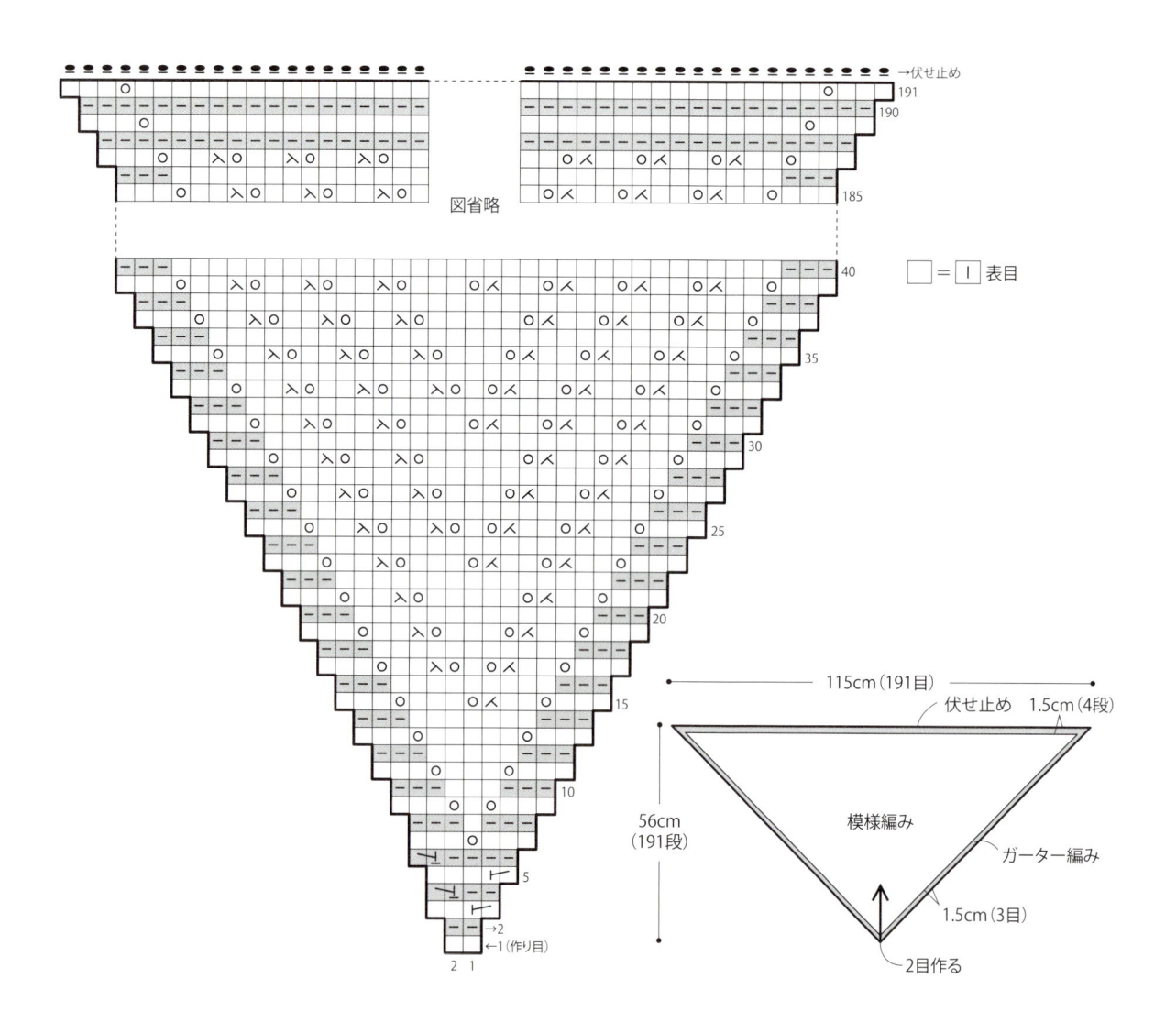

□ = ｜ 表目

115cm（191目）

伏せ止め　1.5cm（4段）

56cm（191段）

模様編み

ガーター編み

1.5cm（3目）

2目作る

14

Yosefine Snood
ヨセフィンスヌード →P.106

[糸]ヤナギヤーン Bloom（ベルンド・スケトラー
　　　コラボ）イエロー（3）250g

[針]輪針7号

[用　具]段目リング

[ゲージ]模様編み 22.5目31段（10cm角）

[出来上がりサイズ]図参照

作り方

❶7号輪針で作り目216目を作り、輪にします。

❷8段目まで3目ゴム編みで編みます。

❸編み図の赤枠一模様を繰り返し、編み図のとおり138段まで編みます。

❹最後の8段分も3目ゴム編みで編みます。

❺表目の伏せ止めにします。

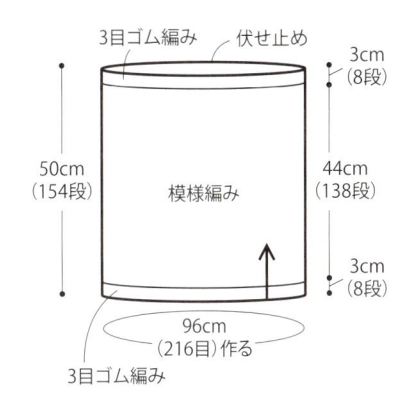

3目ゴム編み　　伏せ止め

3cm（8段）

50cm（154段）　　模様編み　　44cm（138段）

3cm（8段）

96cm（216目）作る

3目ゴム編み

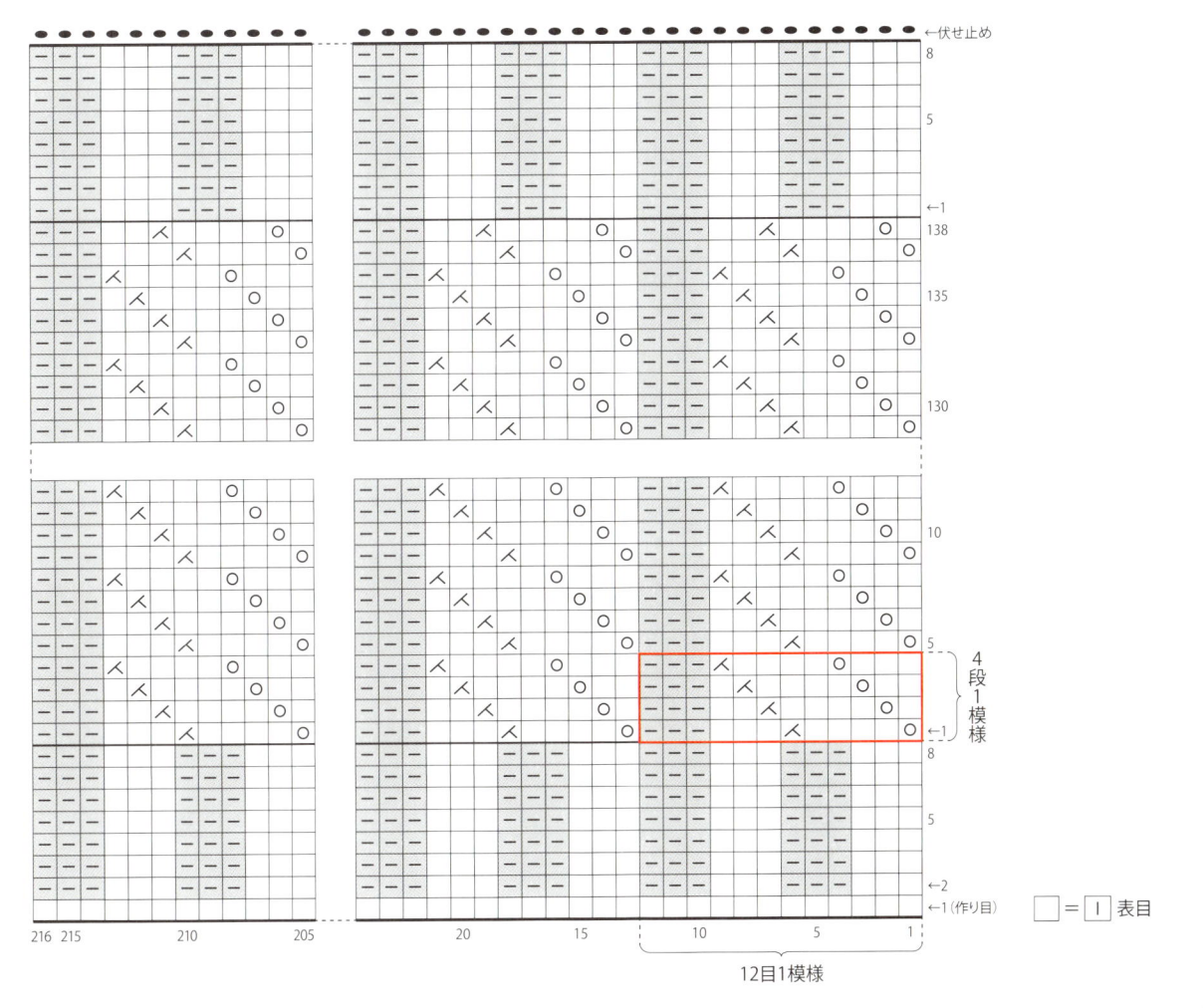

←伏せ止め

8

5

←1
138

135

130

10

5
4段1模様

←1

8

5

←2
←1（作り目）

216 215　210　205

20　15　10　5　1

□ = | 表目

12目1模様

Bernd Kestler
ベルンド・ケストラー

ドイツ出身のニットデザイナー。12歳から独学で編み物を始める。1998年の来日以来、全国各地の編み物教室の講師をつとめたり、東日本震災 時には被災地で寒い思いをする方々に向けた " Knit for Japan" のプロジェクトを立ち上げるなど、編み物を通した社会活動に取り組んでいる。バイク好きで、編み物道具とともに出かけるのが日課。著書は『ベルンド・ケストラーのスパイラルソックス』(世界文化社) 、『初めてでも編みやすい ベルンド・ケストラーのモザイク編み』(日本文芸社)、『ベルンド・ケストラーのマーリング編み』(グラフィック社) 他多数 。

http://berndkestler.com

編集	武智美恵
デザイン	伊藤智代美
撮影	サカモトタカシ、天野憲仁
トレース・校正	ミドリノクマ
モデル	hiromi
ヘアメイク	小野かおり (U-say)

Thank you for your help.

作品製作	打田京子　植原のり子　後藤敬子　小室弘子
	櫻井恵子　前田陽子　柳みゆき
素材提供	株式会社柳屋
	https://www.rakuten.ne.jp/gold/yanagiya/
	TEL 058-201-4444
	saredo
	https://saredo.theshop.jp/
	Prym Consumer Asia
	https://prymconsumerasia.com
	カスタマーサポート
	pcj.customer@prym.com
	Bernd Kestler's Store
	https://kestler.stores.jp/

ベルンド・ケストラーの
いちばんわかりやすい
透かし編み

2025年2月20日　　第1刷発行
2025年4月20日　　第2刷発行

著　者	ベルンド・ケストラー
発行者	竹村　響
印刷所	株式会社 光邦
製本所	株式会社 光邦
発行所	株式会社 日本文芸社
	〒100-0003
	東京都千代田区一ツ橋1-1-1 パレスサイドビル8F

Printed in Japan 112250207-112250407 Ⓝ 02(201134)
ISBN978-4-537-22265-4
©BERND KESTLER 2025
URL https://www.nihonbungeisha.co.jp/
（編集担当　牧野）

乱丁・落丁本などの不良品、内容に関するお問い合わせは小社ウェブサイトお問い合わせフォームまでお願いいたします。
ウェブサイト　https://www.nihonbungeisha.co.jp/